# Windows Conseils de dépannage pour l'utilisation quotidienne

# Windows Conseils de dépannage pour l'utilisation quotidienne

**Ali Akbar**
**Zico Pratama Putra**

Kanzul Ilmi Press
2017

Première impression: 2016

Deuxième impression: 2015

ISBN-13: 9781726832601


Kanzul Ilmi Press
Woodside Ave.
Londres, Royaume-Uni

Librairies et grossistes: S'il vous plaît contacter Kanzul Ilmi email Presse

zico.pratama@gmail.com.

Remerciements de marque

Tous les termes mentionnés dans ce livre qui est connu pour être des marques déposées ou des marques de service ont été capitalisés correctement. Windows ne peut pas attester de l'exactitude de ces informations. L'utilisation d'un terme dans ce livre ne doit pas être considéré comme ayant une incidence sur la validité d'une marque de commerce ou de service.

Windows est une marque déposée de Microsoft, Inc.

À moins d'indication contraire aux présentes, toutes les marques de tiers qui peuvent apparaître dans ce travail sont la propriété de leurs propriétaires respectifs et toutes les références à la marque tiers, logos ou autres habillages commerciaux sont à des fins démonstratives ou descriptives seulement

Informations de commande: Des remises spéciales sont disponibles sur les achats de quantité par les entreprises, les associations, les éducateurs et les autres. Pour plus de détails, contactez l'éditeur à l'adresse ci-dessus énumérés.

# Contenu

# CHAPTER 1 WINDOWS 8 CONSEILS

Dans ce troisième chapitre, vous verrez une variété de pointe qui le rend facile à configurer et utiliser Windows 8. En utilisant la pointe de cette configuration, vous pouvez définir vos fenêtres à une utilisation plus efficace et plus optimale du travail.

## 1.1    Ouverture de la Vue initiale de Windows 8

Lorsque vous commencez l'apparition initiale de Windows 8, qui a d'abord vu était le regard vide, sans boîte pour remplir le nom d'utilisateur et mot de passe. Similaire au verrouillage de l'écran.

Pour ouvrir, il suffit de cliquer sur une touche du clavier, la barre d'espace, ou le défilement de la souris ou sur swipe l'écran tactile pour afficher l'écran de connexion.

Ensuite, vous pouvez vous connecter avec votre nom d'utilisateur et mot de passe que vous le souhaitez. Afficher Windows 8 qui apparaît est une nouvelle interface avec un damier coloré.

*Figure 1.1 La vue initiale de Windows 8 ne montre pas encore la page de connexion*

## 1.2 Quoi de la nouvelle interface

Dans Windows 8, beaucoup de la nouvelle interface. Par exemple l'interface métro. A l'interface de Windows 8, il y a plusieurs façons d'interagir avec ces interfaces. Par exemple, avant de défilement de la souris et en arrière, ce qui produira un effet similaire à glisser sur l'écran tactile.

Vous pouvez également utiliser le clavier. Je clique sur le Accueil ou à la fin pour passer du début ou la fin d'une fenêtre ou l'élément est ouvert.

Pour l'écran tactile, vous pouvez utiliser tactile pour déplacer le curseur, puis appuyez sur pour passer appuyez sur Entrée sur votre clavier. Pour revenir à l'écran de démarrage, cliquez sur le bouton Windows sur le clavier. Ensuite, faites un clic droit ou balayez vers le bas pad d'application n'est pas nécessaire, puis sélectionnez Détacher pour supprimer cette application de l'écran de démarrage.

Vous pouvez glisser-déposer pour organiser fichier portant à votre goût.

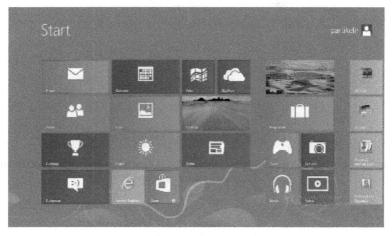

*Figure 1.2 Affichage écran de démarrage*

## 1.3    Faire des groupes App

Application écran de démarrage initialement affiché au hasard. Mais vous pouvez réellement le rendre plus facile aux paramètres du groupe. En d'autres termes, vous créez des groupes d'applications pour les applications de groupe.

Le premier écran de démarrage du spectacle d'abord, puis vers le bas. Ensuite, vous pouvez faire glisser des icônes telles que People, Mail, messagerie et de calendrier à gauche pour créer un groupe.

Cliquez ensuite sur l'icône moins en bas à droite pour effectuer un zoom arrière, et vous pouvez créer un nouveau groupe avec quelques autres par vos souhaits. Vous pouvez également glisser-déposer sur le bloc de groupe.

Vous pouvez faire un clic droit sur le bloc quand il était encore dans le zoom et vous pouvez donner un nom au groupe. Si vous les demandes de groupe sont beaucoup, environ 20 ou 30 applications par groupe, alors ce sera plus facile de trouver vos outils.

*Figure 1.3 écran de démarrage est réduite, peut être utilisé pour faire beaucoup d'applications de groupe*

## 1.4    Utilisation du menu d'accès rapide

Faites un clic droit sur le bas à gauche, ou cliquez sur la touche Windows + X à un menu à base de texte. Ceci affichera une liste qui est important pour vous, comme le Gestionnaire de périphériques, Panneau de configuration, Explorer, dialogue de recherche et ainsi de suite.

Ceci est un remplacement partiel de vos fenêtres menu Démarrer.

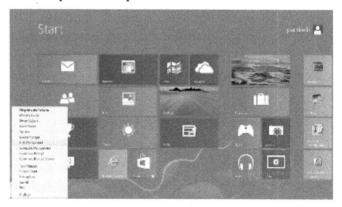

*Figure 1.4 Menu d'accès rapide est affiché dans Windows*

## 1.5    Vous cherchez des applications

Menu Win + X est à portée de main, mais si vous voulez accéder à l'application, bien sûr, rien ne remplace la touche Windows. Mais parce que Windows 8 est pas, alors vous devez connaître d'autres façons, à savoir par clic WINDOWS + Q ou faites un clic droit sur une partie vide de l'écran, puis sélectionnez Toutes les applications pour afficher une liste de toutes les applications installées.

Vous pouvez parcourir les catégories pour trouver le un menu à exécuter.

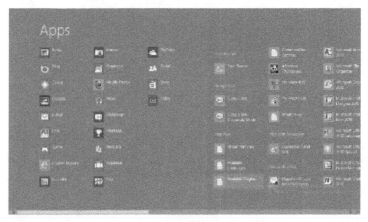

*Figure 1.5 Affichage Toutes les applications montrera toutes les applications existantes*

## 1.6    Accélérer l'accès des applications importantes

En tant qu'utilisateur d'ordinateur, il y a des applications certainement plus fréquentes que vous utilisez par rapport à d'autres applications. Si oui, vous ne voulez pas l'habitude d'y accéder par le moteur de recherche.

Pour accélérer les choses, vous pouvez sauvegarder broches pour démarrer l'écran. Rendre plus accessible en un seul clic. L'astuce est de rechercher l'application, par exemple, si vous voulez chercher un panneau de commande, il suffit de taper « contrôle ».

Ensuite, faites un clic droit sur l'application et sélectionnez Pin dans le menu Démarrer. Pendant ce temps, si vous utilisez un écran tactile. Vous pouvez cliquer et maintenez sur l'icône, puis sélectionnez «Pin à démarrer.

Cliquez ensuite sur la touche Windows, faites défiler vers la droite, l'icône sélectionnée sera visible. Vous pouvez glisser-déposer pour ajuster la position et le mettre dans une nouvelle position.

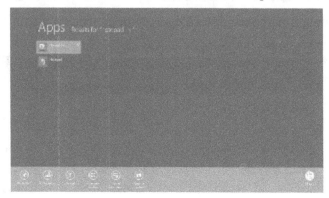

*Figure 1.6 Cliquez sur Démarrer Pin pour les applications bâton / broches à l'écran de démarrage*

# 1.7    Comment désactiver Windows 8

Pour désactiver Windows 8, il suffit de glisser la souris vers le bas à droite de l'écran, puis cliquez sur l'icône Paramètres ou cliquez et maintenez la touche Windows, puis cliquez sur I. Ensuite, vous verrez le bouton d'alimentation. Cliquez dessus et choisissez Arrêter ou Redémarrer.

Certains des trucs qui existent dans d'autres applications existent aussi, comme touches Ctrl + Alt + Suppr, montrera l'option d'arrêt et de redémarrage.

Ou si vous ouvrez votre bureau, cliquez sur le ALT + F4, vous pouvez sélectionner une option

'Fermer'

'Redémarrer'

'Déconnexion'

'Changer d'utilisateur'.

*Figure 1.7 Menu pour fermer Windows 8*

## 1.8    Programmes en cours Trouver

Si vous exécutez une application sur Windows 8, puis cliquez sur le bouton Windows, vous revenez à l'écran de démarrage. Votre demande est toujours continué à aller, juste qu'aucune barre des tâches affiche les applications de métro qui représentent les programmes en cours d'exécution.

Pour exécuter une application de métro, vous pouvez cliquer sur ALT + TAB pour être montré à toutes les applications exécutées.

*Figure 1.8 Affichage ALT + TAB qui décrit l'application en cours d'exécution*

## 1.9    Demande de clôture

Si vous voulez fermer l'application, vous pouvez déplacer le curseur vers le haut, puis déplacez le pointeur vers le haut à droite jusqu'à ce que l'icône de la souris se transforme en une main.

Cliquez ensuite sur le bouton gauche de la souris et faites-la glisser vers le bas de l'écran. Votre demande sera réduite à une vignette que vous pouvez tirer hors de l'écran pour le fermer.

Mais si elle est toujours embêtant, cliquez simplement sur ALT + F4 uniquement. Si encore têtu et encore aussi fermer une application, vous pouvez appuyer sur Ctrl + Maj + Echap pour exécuter le Gestionnaire des tâches.

Ensuite, faites un clic droit sur la liste des applications, puis cliquez sur Fin de tâche. Mais attention, car parfois pas facile, et parfois si l'application est désactivée est une application critique, comme l'utilisation du système, votre ordinateur peut se bloquer ou se bloquer.

## 1.10   En utilisant IE sur Windows 8

IE est le plus facile à utiliser en cliquant sur le carreau Internet Explorer dans le menu Démarrer, et vous verrez un plein écran IE. Mais ce n'est pas plein écran aura une barre d'outils, le menu ou la barre latérale. À cause de cela, il est optimisé pour l'écran tactile.

Pour l'utiliser, vous pouvez faire un clic droit sur une partie vide de l'écran, ou mettez en haut de l'écran, vous verrez la possibilité de créer et de basculer entre les onglets et aussi le bouton Actualiser.

Vous pouvez voir l'outil « Rechercher » et des installations pour les raccourcis mem broches à la page de démarrage Internet. Vous pouvez cliquer sur l'icône de clé et choisissez « Vue sur le bureau » pour débloquer la version complète d'Internet Explorer.

*Figure 1.9 Affichage IE sous la forme d'plein écran*

## 1.11    Commutateur entre deux applications

app Windows 8 est une application qui est immersive, qui est exécuté en plein écran. Mais si vous voulez voir les vignettes des autres applications, alors que vous voulez voir une vue plein écran, la voie est de cliquer sur le Windows + TAB. Il montrera les vignettes d'autres applications que vous pouvez choisir de changer ou non.

*Figure 1.10 Miniature d'autres applications peut être vu*

## 1.12 Exécution du programme en tant qu'administrateur

Certains programmes ne peuvent fonctionner correctement si vous disposez des droits d'administrateur. Pour les applications de métro, vous pouvez utiliser le clic droit, mais avec un clic droit sur l'application une fois, il affichera l'option Exécuter en tant qu'administrateur.

*Figure 1.11 Menu Exécuter en tant qu'administrateur*

## 1.13 Modification de la taille de petite boîte Applications

Les icônes sur l'écran de démarrage de Windows 8 a généralement des tuiles de taille. Alors que d'autres sont plus grandes. Vous pouvez faire un clic droit sur l'écran de l'application, il apparaîtra à l'option plus ou moins grande en fonction de votre position.

Si vous choisissez une plus petite, la taille sera coupé en deux, et cela permettra d'économiser l'espace sur l'écran de démarrage.

*Figure 1.12 Cliquez sur les petites*

Les différences de taille peut être la différence de look.

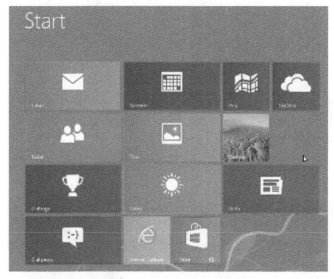

*Figure 1.13 affichage du bureau deviennent plus petits parce que vous cliquez dessus Smaller*

# 1.14  Applications Masquage Facilement

Si vous souhaitez masquer les applications qui ne sont pas utilisés, vous pouvez choisir une tuile avec le bouton droit, puis cliquez sur l'icône « Détacher de Start ». Ensuite, l'application sera absent du document, alors que si vous voulez revenir en arrière, vous pouvez ajouter en regardant l'application, puis faites un clic droit et sélectionnez « Pin Démarrer ».

Ou si vous voulez supprimer l'application globale, sélectionnez Désinstaller pour supprimer dans son intégralité.

*Figure 1.14 Cliquez sur Démarrer pour Détacher de retirer du début*

Ensuite, l'application disparaît immédiatement de l'écran de démarrage.

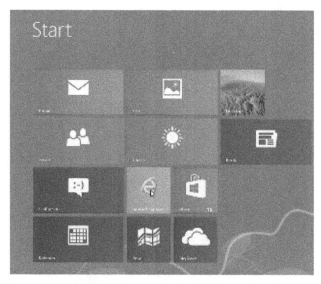

*Figure 1.15 La demande sera perdue de l'écran de démarrage*

## 1.15 Désactiver l'écran de verrouillage

Si vous voulez que votre PC pour démarrer rapidement, vous pouvez désactiver l'écran de verrouillage de Windows 8. L'astuce est en fait facile.

Tout d'abord, exécutez gpedit.msc (éditeur de stratégie de groupe), puis accédez à Configuration ordinateur> Modèles d'administration> Panneau de configuration> Personnalisation.

2x Cliquez sur « Ne pas afficher l'écran de verrouillage », puis sélectionnez Activé et cliquez sur OK.

Vous pouvez redémarrer l'ordinateur et verrouillage de l'écran disparaît

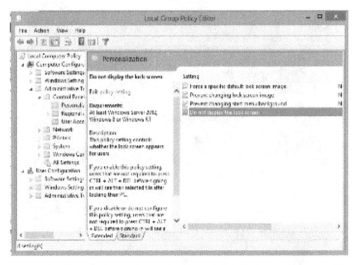

*Figure 1.16 cliquez deux fois sur Ne pas afficher l'écran de verrouillage*

## 1.16   Installez autorisés partout

La plupart des plates-formes mobiles ne recommandent installer à la place des applications provenant de sources fiables uniquement. Il est important de protéger la sécurité là-bas. Et Windows 8 est également le même, permettre que des applications de confiance, qui est signé numériquement à partir du magasin de Windows.

Si cela est difficile, vous pouvez désactiver, comment exécuter GPEDIT.MSC puis accédez à Configuration ordinateur> Modèles d'administration> Composants Windows> App package de déploiement,

2x cliquez sur l'option Autoriser toutes les applications de confiance à installer « , puis sélectionnez Activé> OK.

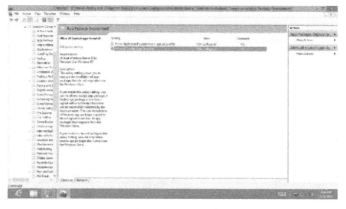

*Figure 1.17 Autoriser toutes les applications de confiance pour installer*

## 1.17 Connexion automatique

Si votre ordinateur est dans un endroit sûr, et ne pouvait pas être les victimes de violence, alors vous pouvez configurer la connexion automatique. Mais cela doit être considéré, car sinon, la sécurité de vos données sera risqué.

Et votre compte sera également perdre l'autorité de l'administrateur pour cela. Carannya avec le clic d'un bouton Windows + R puis exécutez le programme

« Netplwiz » puis cliquez sur Entrée pour exécuter le dialogue Comptes d'utilisateurs.

Décochez la case « Les utilisateurs doivent entrer un nom d'utilisateur et mot de passe pour utiliser cet ordinateur », puis cliquez sur OK.

Entrez votre nom d'utilisateur et mot de passe pour le compte que vous souhaitez insérer automatiquement. Cliquez ensuite sur OK et redémarrez l'ordinateur. Alors que démarre directement à l'écran de démarrage.

*Figure 1.18 Les utilisateurs doivent entrer un Désélectionnez nom d'utilisateur et mot de passe à cet ordinateur*

## 1.18    Alternative à la recherche menu Démarrer

En effet, dans Windows 8, commencez a supprimé le menu. Et vous devrez remplacer le moteur de recherche Windows + F est très grande. Mais si vous voulez toujours avoir une alternative au menu Démarrer, vous pouvez installer des applications supplémentaires, telles que ViStart. Il sera similaire au menu de démarrage de Windows 7.

Vous pouvez télécharger ce programme et l'installer gratuitement. Mais il y aura un peu de logiciel qui est installé aussi bien.

Mais quand il est installé, vous obtiendrez un menu de démarrage similaire à la valeur par défaut de Windows avant, avec une boîte de recherche et d'autres menus.

Mais ce programme a un défaut, à savoir l'icône E-mail pour Outlook Express. Mais d'autres vont fonctionner correctement.

Il y a aussi la personnalisation de sortie Start8 de Stardock. Sa fonction est similaire à ViStart mais avec un plus à jour.

*Figure 1.19 Exemple de menu de démarrage d'émulation dans Windows 8*

## 1.19   Connaître quelques raccourcis de Windows 8

Parce qu'il ya un changement d'interface importante, il apparaît de nombreux nouveaux raccourcis dans Windows 8. Voici quelques-unes

Win: la commutation entre l'écran de démarrage et l'application Windows 8 plus récemment exécutée.

Win + C affiche la barre de charme, ce qui inclut les paramètres d'options, périphériques, actions et recherche.

Win + D: Afficher le bureau

Win + E: l'affichage Explorateur

Win + F: Ouvre la recherche de fichiers

Win + H: Ouvre le panneau Partager

Win + I: Ouvre les paramètres

Win + K: Ouvre le panneau Périphériques.

Win + L: Me-verrouiller l'ordinateur.

Win + M: Réduire au minimum l'explorateur Explorer ou Internet Explorer (IE travaille aussi sur le plein écran aussi bien).

Win + O: changer l'orientation du dispositif, est verrouillé et pas

Win + P: commuter l'affichage sur un deuxième écran ou le second projecteur.

Win + Q: Ouvrez le panneau App Search

Win + R: Ouvrez la fenêtre Exécuter

Win + U: Facilité d'accès ouvert Centre

Win + V: Ouvre pain grillé (notification) à tour de rôle

Win + W: comparer les paramètres du système (par exemple, le type PUISSANCE pour des liens vers des options liées au pouvoir).

Win + X: afficher le menu texte des outils et des fenêtres applet.

Win + Z: affiche le menu contextuel lorsque dans les applications en plein écran.

Win + +: course et loupe zoom

Win + -: effectuer un zoom arrière

Win +: En voyant le bureau.

Win + Entrée: Narrateur exécuter

Win + PgUp: déplacer le moniteur à gauche de cet écran.

Win + PgDn: déplacer l'écran vers la droite.

Win + PrtSc: prendre une photo de l'écran actuel et enregistrer dans le dossier Images.

Win + Tab: Basculer entre les applications en cours d'exécution.

## 1.20   Exécution du programme rapidement

Si vous souhaitez accéder aux programmes rapidement, vous pouvez créer un raccourci. Windows 8 prend toujours en charge la création d'un raccourci. Par exemple, pour créer un raccourci sur le bureau, faites comme ceci:

Faites un clic droit sur un endroit sur le bureau, puis cliquez sur Nouveau> Raccourci.

Remplissez allait faire, par exemple, si vous voulez arrêter, entrez la commande

```
shutdown.exe -s -t 00
```

ou

```
shutdown.exe -h -t 00
```

hiberner

Cliquez ensuite sur Suivant.

Tapez un nom pour le raccourci comme « veille prolongée », puis cliquez sur Terminer.

Faites un clic droit sur le raccourci et sélectionnez Pin sur Démarrer puis être vu sur l'écran de démarrage droite. Vous vivez glisser à la section que vous voulez.

## 1.21   screengrab

S'il y a une application Windows 8 qui montre quelque chose de fâcheux, et que vous voulez enregistrer, vous pouvez cliquer sur le bouton Windows et puis cliquez sur PrtSc.

l'automatiqueimage sera enregistrée dans le presse-papiers. Il a également enregistré automatiquement avec le nom screenshot.png (plus tard Capture d'écran (1) .png, Capture d'écran (2) .png et ainsi de suite).

Ou peut également cliquer sur l'écran ou l'ALT + Impr écran pour capturer l'écran, puis le coller avec le clic CTRL + V sur l'application de l'éditeur d'image tels que MS Paint ou Photoshop.

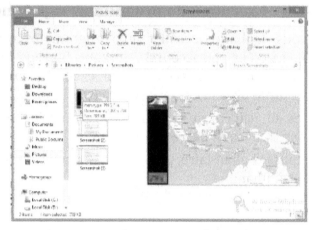

*Figure 1.20 stockage capture d'écran Résultats*

## 1.22   photo Viewer

2x cliquez sur le fichier d'image dans l'explorateur, l'image sera automatiquement ouvert dans la visionneuse de photos. Si vous travaillez sur le bureau, il peut être source de distraction. Par conséquent, vous pouvez modifier les paramètres par défaut du programme.

Comment avec un simple clic Panneau de configuration> Programmes> Programmes par défaut puis choisissez Définir vos programmes par défaut. Faites défiler la liste vers le bas, cliquez sur Windows Photo Viewer dans la liste des programmes,

Cliquez ensuite sur « Définir ce programme par défaut » si vous voulez Viewer pour ouvrir tous les types de fichiers qui peuvent être pris en charge, ou cliquez sur Choisir par défaut si vous voulez choisir le type de fichier à ouvrir. Cliquez sur OK quand il.

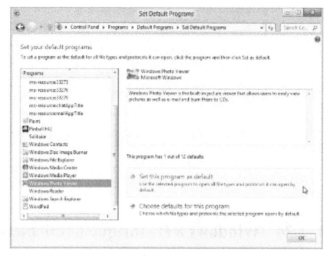

*Figure 1.21 Définir les programmes par défaut*

# 1.23 Écran intelligent

Windows 8 dispose désormais d'une nouvelle fonctionnalité dans IE, les installations SmartScreen d'Internet Explorer. Cette fonction vérifie le fichier téléchargé pour vous assurer que le fichier est sûr. En gros, cela est quelque chose de positif. Mais si vous voulez modifier peut.

Exécutez le Panneau de configuration, ouvrez l'applet Centre d'action, puis cliquez sur Modifier les paramètres de Windows les SmartScreen dans le volet gauche, ici vous pouvez laisser l'avertissement, mais il faut éviter la section d'administrateur de suppression, ou vous pouvez désactiver le bien SmartScreen. Si elle est sélectionnée, cliquez sur OK pour terminer.

*Figure 1.22 Configuration de Windows intelligent écran*

## 1.24 Windows 8 Historique des fichiers

Windows 8 a de grandes installations dans la fonction historique des fichiers. Il peut les bibliothèques de sauvegarde, bureau, contacts, et ainsi de suite jusqu'au deuxième disque même sur le disque flash USB. Pour cela, connectez puis sélectionnez Configurer ce lecteur pour la sauvegarde en utilisant l'historique des fichiers dans le menu.

Pour définir, cliquez sur Panneau de configuration> Système et Sécurité> Historique des fichiers. Puis cliquez sur Exclure des dossiers, paramètres avancés vous permet de régler la fréquence des sauvegardes.

Modifier le lecteur est utilisé pour sélectionner une destination de sauvegarde. Tournez à cliquez sur Activer pour activer la fonction de vos paramètres. Lorsqu'il est exécuté, vous pouvez vérifier l'historique de tous les fichiers dans l'explorateur en le sélectionnant. Sélectionnez l'onglet Accueil et cliquez sur Historique.

## 1.25  VHD - amélioré

Windows 7 a un support pour créer et attacher le disque dur virtuel dans le format VHD de Microsoft. Maintenant, Windows 8 ajouter VHDX fonctions de formatage qui permettront d'améliorer les performances et augmenter le nombre de la taille du fichier de 2 To à 16 To.

Cela rend le format plus stable s'il y a une panne de courant, il est donc pas facile à corrompre. Pour les dernières créer un VHD, vous pouvez ouvrir l'applet Panneau de configuration Gestion de l'ordinateur, puis cliquez sur Gestion des disques. Puis cliquez sur Actions> Créer VHD pour créer un format de fichier VHD.

## 1.26  Gestion du stockage avec des espaces de stockage

Si vous avez plusieurs disques durs remplis de données, vous pouvez difficile d'effectuer la gestion des données. Mais avec les nouvelles fonctionnalités de Windows 8, il sera facile de le faire. Les nouvelles fonctionnalités de gestion des données sont des espaces de stockage.

Les espaces de stockage Comment ça marche est que vous pouvez ajouter tous vos disques durs, soit connecté via USB, USB, SATA ou SAS (Serial Attached SCSI), à la piscine de stockage. Et vous pouvez ajouter un ou plus d'espace dans cette piscine.

Vous pouvez formater le disque et y accéder en un seul afin qu'il n'y ait qu'une seule lettre de lecteur qui est ici.

Ces espaces de stockage La technologie peut également améliorer les performances en distribuant des fichiers dans différents lecteurs. Le système pourrait alors accéder à chaque élément de données simultanément. Il y a aussi la possibilité de re-miroir vos fichiers.

Donc, s'il y a un disque endommagé, vos données seront toujours en sécurité. Et si l'espace de stockage commence à se remplir, vous ajoutez un autre lecteur. Vous pouvez ajouter à la piscine et faire les choses comme d'habitude.

Vous pouvez exécuter le pool d'entraînement en accédant à Panneau de configuration> Système et sécurité, puis applets d'accès des espaces de stockage.

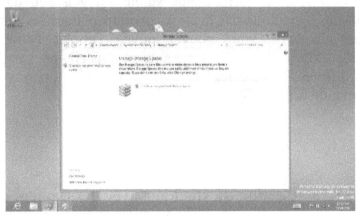

*Figure 1.23 Accès des espaces de stockage*

## 1.27   Changer l'écran de démarrage arrière-plan

Bored ou ne pas comme l'arrière-plan standard par défaut de l'écran de démarrage, vous pouvez le changer manuellement en cliquant sur Win + C, puis cliquez sur Paramètres. Puis cliquez sur Modifier les paramètres PC.

Cliquez sur Personnaliser et puis cliquez sur l'écran principal. Vous pouvez changer l'arrière-plan en sélectionnant une couleur et des motifs sur le fond.

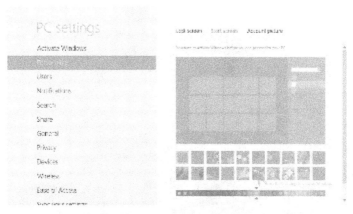

*Figure 1.24 Modifier les paramètres PC> Personnaliser*

## 1.28   mot de passe de l'image

Windows 8 avec la fonction de l'écran tactile vous permet de créer des mots de passe de l'image. Lorsque vous sélectionnez l'image, vous pouvez créer un mot de passe composé d'une combinaison de robinets, des lignes et des cercles.

Et les seules personnes qui peuvent répéter ce modèle qui sera capable de se connecter à Windows. L'astuce avec le clic Win + C pour ouvrir la barre de charme. Sélectionnez Plus de paramètres PC> Utilisateurs> Créer un mot de passe de l'image puis appuyez brièvement sur l'image à droite.

*Figure 1.25 Création d'un mot de passe de l'image*

## 1.29   Mise en veille prolongée ou Veille

Vous ne voyez parfois pas le menu dans la fenêtre Slee Mise en veille prolongée ou l'arrêt de Windows 8. Mais si vous voulez, vous pouvez restaurer. Pour ce faire, en cliquant sur l'applet du Panneau de configuration des options d'alimentation (powercfg.cpl).

sélectionnez Choisissez ensuite ce que les boutons d'alimentation dans le panneau de gauche. Ensuite, cliquez sur Modifier les paramètres qui sont actuellement indisponibles. Ensuite, si Windows 8 détecte que le PC prend en charge le sommeil et l'option Mise en veille prolongée, il sera affiché ici.

Cochez la case sur le côté droit que vous souhaitez utiliser, puis cliquez sur Enregistrer les modifications et une nouvelle option affichera la boîte de dialogue d'arrêt.

## 1.30  Recherche simplifier

Par défaut, Windows 8 dispose d'un système de recherche qui est extrêmement sophistiqué par rapport aux précédentes de Windows, y compris Windows 7. Ceci est parce qu'il n'y a pas de menu de démarrage de Windows 8 est compensée par la présence d'un centre de recherche avancée.

Windows 8 inclut toutes les applications dans la recherche de Windows. Si vous voulez personnaliser pour simplifier votre recherche, vous pouvez cliquer sur le Win + I, puis Modifier les paramètres PC >> Recherche, puis sélectionnez l'application que vous ne voulez pas être inclus. Ensuite, la recherche de la liste sera plus visible dans l'avenir.

## 1.31  clavier tactile

Le toucher clavier est un centre de clavier pour Windows 8. Vous pouvez régler le clavier tactile pour adapter à votre goût avec le clic Win + I> Modifier les paramètres PC> Général, puis personnaliser le clavier à votre goût.

## 1.32  Sync et confidentialité

L'une des caractéristiques principales de Windows 8 est la possibilité de synchroniser les paramètres avec le PC et d'autres appareils. Par exemple, si vous synchronisez votre appareil avec le contact Windows Phone, e-mail ou une autre, vous pouvez utiliser le compte Live dans Windows 8, puis être synchronisés.

Il est amusant et plus facile pour vous. Mais il y a aussi un risque. Par exemple, votre mot de passe sera synchronisé, et cela pourrait entraîner un risque de vol de données.

Par conséquent, vous pouvez l'arranger avec le clic Windows + I, puis cliquez sur Modifier les paramètres PC> Synchronisation de vos paramètres et puis désactivez sur des choses qui ne veulent pas partager.

## 1.33   Barre d'accès rapide

Explorateur Windows dans Windows 8 a une barre d'outils d'accès rapide qui ajoute dans le menu. Il facilite les options d'accès comme « Nouveau dossier », « Réduire au minimum », « Annuler », et d'autres.

*Figure 1.26 barre d'outils Accès rapide dans l'Explorateur*

Il peut également être personnalisé. Cliquez sur la flèche située à droite des boutons par défaut sur la barre de légende Explorer, puis sélectionnez l'option que vous voulez ajouter. Vous pouvez ajouter toutes les options ruban dans la barre d'outils Accès rapide par un clic droit puis choisir Ajouter à la barre d'outils Accès rapide.

## 1.35  Ouvrez une invite de commande en tant qu'administrateur

Si vous souhaitez ouvrir l'invite de commande directement en tant qu'administrateur, alors vous réflexe recherche dans le menu Démarrer. Mais il se trouve dans le menu de démarrage dans Windows 8 est pas là. Mais ne vous inquiétez pas, parce que Windows 8 offre également une alternative à cela.

Comment ouvrez l'Explorateur, puis cliquez sur le menu Fichier et cliquez sur Ouvrir l'invite de commande> Ouvrez l'invite de commande en tant qu'administrateur.

Lorsque vous êtes là, vous pouvez faire quoi que ce soit d'autre, comme l'ouverture d'une nouvelle fenêtre dans un nouveau processus. Vous pouvez également supprimer des emplacements récents et historique barre d'adresse en un seul clic.

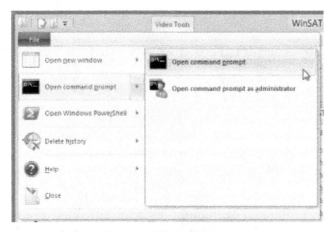

*Figure 1.27 Supprimer Emplacements récents*

## 1.36  Affichage Tous les dossiers

Afficher dans l'Explorateur n'affiche pas tous les lecteurs et les dossiers, tels que le Panneau de configuration, Corbeille et ainsi sur le panneau de navigation de gauche. Affichage seulement simple.

Si vous voulez voir tous les disques, vous pouvez cliquer sur l'ordinateur. Mais si vous voulez tout voir, cliquez sur Afficher tous les dossiers, puis cliquez sur OK.

## 1.37   Mont fichier ISO dans Windows 8

Windows 8, il est facile de monter le fichier ISO sans utiliser d'autres applications. Juste un clic droit sur le fichier ISO, puis cliquez sur Monter, vous pouvez voir le fichier en tant que lecteur virtuel. Vous pouvez exécuter le fichier comme d'habitude, ou ajouter plus si vous voulez.

## 1.38   Ouverture d'un nouveau types de fichiers

Si vous rencontrez un nouveau type de fichier, et l'ordinateur n'a pas été application pour l'ouvrir, vous pouvez faire un clic droit sur le fichier dans l'explorateur, puis choisissez Ouvrir avec. Vous pouvez voir l'option Rechercher une application dans le magasin, permet à Windows 8 en utilisant l'outil de recherche dans le magasin de Windows pour trouver un nouveau type de fichier pour vous.

Vous pouvez également cliquer sur Plus d'options pour voir les fichiers installés et l'application pour ouvrir le fichier.

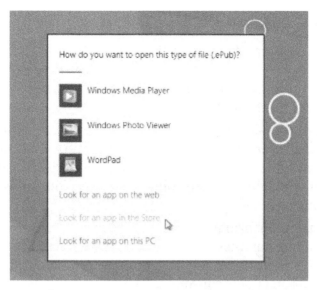

*Figure 1.28 Sélectionnez une application pour ouvrir une extension de fichier qui n'existe pas*

## 1.39 Lorsque l'application Windows 8, rue Mau

Si vous cliquez sur l'application Metro dans Windows 8, mais il n'y a aucun signe que l'application est exécutée, le plus probable est un paramètre d'affichage qui est pas vrai.

Ceci est parce que Windows 8 ne prend pas en charge une résolution d'écran inférieure de 1024 x 768 ou 1366 x 768 lorsque vous téléchargez un composant logiciel enfichable. Donc, si une application dans Windows 8 ne semble pas en mesure d'exécuter, vous augmentez simplement votre résolution d'écran. Exécutez le bureau, faites un clic droit et sélectionnez Résolution de l'écran.

Si vous ne pouvez toujours pas, essayez de mettre à jour vos pilotes.

## 1.40 Amélioration des performances de Windows 8

ordinateur Windows 8 si vous regardez le chargement de l'application lente et difficile, vous pouvez vérifier s'il y a des applications qui font obstacle à l'accès au Gestionnaire des tâches. Cliquez sur Ctrl + Maj + Echap.

Ensuite, cliquez sur Plus de détails. Ensuite, l'onglet Processus vous montrera quelles applications consomment le processeur, la RAM et le disque dur et la bande passante du réseau. Pour des données plus détaillées, vous pouvez cliquer sur l'onglet Détails.

onglet Performance vous donne un affichage graphique de l'utilisation des ressources pendant quelques secondes. Alors que App Historique affiche les données plus anciennes pour l'application la plus consommatrice de ressources.

Si vous le démarrage lent, vous pouvez cliquer sur l'onglet Démarrage pour voir tous les programmes qui sont lancés lors du démarrage de Windows.

le démarrageaura un impact sur chacune de ces applications a des effets sur votre temps de démarrage. Si vous voyez un programme qui prend beaucoup de temps, mais pas nécessaire, vous pouvez menu contextuel, puis sélectionnez Désactiver. Cela rend ces applications ne fonctionneront pas dans le prochain chargement

Pour accéder au gestionnaire de tâches rapidement, vous pouvez cliquer sur le Windows + R puis tapez taskmgr et cliquez sur Entrée.

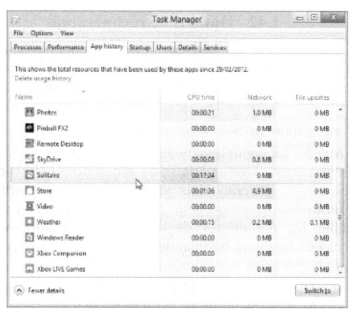

*Figure 1.29 Gestionnaire de tâches utilisé pour voir beaucoup*
*d'applications gourmandes en ressources*

## 1.41   Gestionnaire de périphériques de l'événement

Gestionnaire de périphériques dans Windows 8 est une application importante si vous avez des problèmes liés au matériel, exécutez le Gestionnaire de périphériques, accédez au matériel souhaité, puis clic droit, sélectionnez Propriétés. Et cliquez sur l'onglet Événements.

Si Windows a déjà un pilote installé, sera vu liée au service ici. Ceci est très utile lorsque vous essayez de résoudre les problèmes.

## 1.42 Options de récupération

Son nom est un système d'exploitation, bien sûr, ont parfois des problèmes. S'il y a un problème, vous pouvez me la récupération de Windows 8 à un bon état la dernière fois.

L'astuce avec le clic Maj + F8 lors du processus de démarrage pour accéder à ses outils de récupération.

Accéder au menu Dépannage puis sur Options avancées, et vous verrez outil automatique de réparation. Cela corrige le problème en général. Mais sinon, vous pouvez utiliser la restauration du système pour restaurer la dernière condition, modifier les paramètres de démarrage de Windows, puis ouvrez une invite de commande si vous souhaitez effectuer un dépannage manuel.

Si cela est trop de problèmes, vous pouvez faire votre choix Rafraîchissez votre option PC car il réinstaller Windows 8, mais garderez vos fichiers restent sur votre ordinateur. Il peut corriger beaucoup de choses.

Si toujours pas d'accord aussi bien, vous pouvez choisir une option plus radicale, l'option Réinitialiser votre PC. Ceci supprimera tous les fichiers et installer une nouvelle copie de Windows 8.

Comment y accéder est en cliquant sur Panneau de configuration et ouvrez l'applet de récupération pour faciliter l'accès.

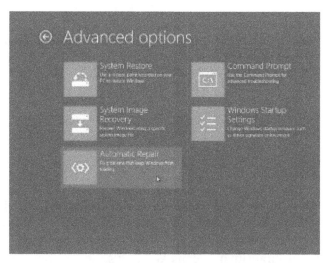

*Figure 1.30 Définition des options de récupération*

# CHAPTER 2 CONSEILS D'IMPRIMANTE

Dans les bureaux de la vie, les imprimeurs sont une partie très importante de sa fonction. En effet, la fonction d'imprimante pour imprimer des documents de bureau, de connaître les différents conseils sur l'imprimante dans Windows 7 et 8, vous pourriez faire avec une meilleure impression, optimale, efficace et efficiente.

## 2.1    Profil Gestion des paramètres de couleur

imprimantes profil vous permettent d'enregistrer les paramètres d'impression optimisés pour votre imprimante. Donc, si vous avez enregistré ce paramètre, vous ne devez définir tweaked détaillée sur votre imprimante.

Dans Windows 7 et 8, il y a deux principaux types de profils d'impression. L'un est le profil de la Cour pénale internationale (International Color Consortium). Il est une imprimante particulière. Cette gestion des couleurs garantit que les couleurs sont imprimées à partir de l'imprimante à corriger la couleur sur le moniteur qui a été calibré.

La majorité des profils de gestion des couleurs ont été fournies par le fabricant de l'imprimante ou le papier, mais en fait, vous pouvez ajouter vos profils de gestion des couleurs.

Pour enregistrer un profil d'imprimante dans Windows 7 et 8, vous devez les ajouter aux paramètres de gestion des couleurs pour l'appareil. La meilleure façon de le faire est en allant à Panneau de configuration> Périphériques et imprimantes.

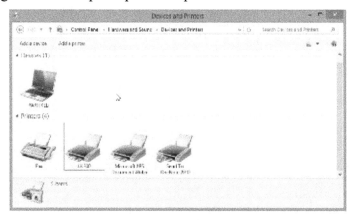

*Figure 2.1 La fenêtre Périphériques et imprimantes*

Sélectionnez l'imprimante que vous allez définir son profil, puis cliquez sur Propriétés de l'imprimante.

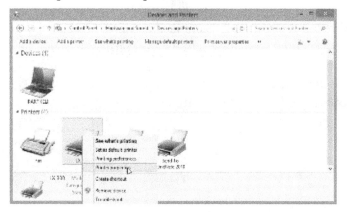

*Figure 2.2 Cliquez sur les propriétés de l'imprimante*

Cliquez sur l'onglet Gestion des couleurs, puis cliquez sur Gestion des couleurs.

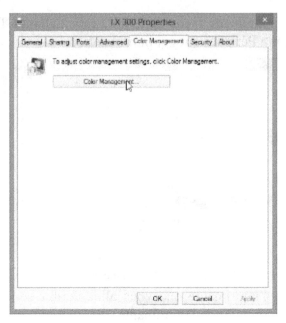

*Figure 2.3 Cliquez sur la gestion des couleurs*

Sélectionnez l'imprimante dans la liste déroulante Périphérique de menu que vous souhaitez ajouter le profil de couleur. Il y a différents profils de couleurs stockés sur l'imprimante sera affichée. Pour ajouter un nouveau profil, cliquez sur le bouton Ajouter et accédez à l'emplacement de votre profil d'imprimante.

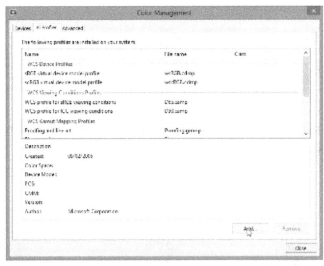

*Figure 2.4 Cliquez sur Ajouter pour ajouter un nouvel emplacement de profil*

---

Sélectionnez le fichier de profil, puis cliquez sur OK, le profil sera enregistré sur votre imprimante et peut être choisi pour d'autres appareils aussi bien.

*Figure 2.5 Installation profil de fenêtre pour afficher les profils*

## 2.2 Imprimer le profil dans le profil de l'utilisateur Windows 7

Un autre type de profil d'impression est un moyen d'enregistrer les paramètres dans les préférences de l'utilisateur Définition des préférences. Ce n'est pas une fonctionnalité native de Windows 7, mais la plupart des fabricants imprimante permet le stockage de profil de l'imprimante pour une utilisation future.

Pour accéder à un profil d'imprimante sont disponibles à partir du pilote existant, vous pouvez accéder à l'écran Périphériques et imprimantes. Soit à partir du menu Démarrer ou via le panneau de configuration de Windows. Ensuite, vous recherchez l'imprimante souhaitée et choisissez Options d'impression.

L'écran est visible dans l'imprimante se penchera spécifiquement pour l'imprimante. Ces pilotes ont onglet Profils, vous devez cliquer ou cliquez sur l'option Advance. Après avoir défini le profil, vous pouvez le configurer facilement.

La plupart des pilotes, comment définir le profil est en réglant tous, après tout. Connectez-vous à la section du profil et sélectionnez Enregistrer la configuration actuelle comme un nouveau profil.

Donnez un nom spécifique, tel que « Photo couleur » ou « Images de travail » et d'autres.

## 2.3   Première raison Pourquoi l'imprimante ne marche

Imprimantes dans Windows 7 ou 8 parfois tombé en panne et les opérations de grève. Pourquoi cela arrive-t-il? Il est possible que l'imprimante ne fonctionne pas est si vous utilisez une incompatibilité de pilote de périphérique.

Par conséquent, si vous téléchargez et installez les pilotes de l'appareil, utilisez la dernière version disponible, l'imprimante commence habituellement le bon fonctionnement.

Comment vérifier le pilote d'imprimante est comme ceci:

2. Faites un clic droit sur le bouton Démarrer, puis cliquez sur **Gestionnaire de périphériques,**

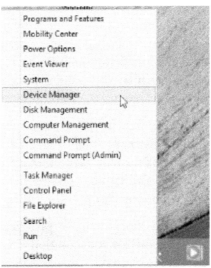

2. Vérifiez le matériel d'imprimante **files d'attente d'impression> nama_printer,**

*Figure 2.7 files d'attente d'impression> nama_printer*

2. apparaissent Propriétés. Assurez-vous de voir l'appareil fonctionne correctement.

*Figure 2.8 Affichage des propriétés de l'imprimante*

4. Vérifiez l'onglet Evénements, vous pouvez voir le périphérique configuré et son fichier de pilote.

*Figure 2.9 fichier pilote utilisé*

Un autre problème qui se pose souvent dans l'imprimante Windows n'est pas détectée, malgré branché dans une fente USB. Ceci est parce que Windows ne sera pas à la recherche d'un pilote approprié pour le périphérique.

Si l'ordinateur connecté à Internet, le système d'exploitation tentera d'accéder à la base de données Windows Update et rechercher des pilotes compatibles. Dans le cas contraire, vous devez trouver les pilotes manuellement, par exemple, télécharger via le site officiel de votre imprimante.

Carnya en allant sur le site, puis vérifier le pilote avec la dernière version du système d'exploitation Windows. Vérifiez ensuite le pilote comme ci-dessus, et mettre à jour le pilote avec la version la plus récente du pilote.

## 2.4    Par impression port LPT Si l'imprimante dans Windows se bloque

Tout le monde ne peut obtenir le pilote d'imprimante, surtout si l'imprimante ne sont pas des marques bien connues. Même les marques bien connues telles que HP ou Dell ne comprend pas également tous les types d'imprimantes dans la dernière version de Windows. Juste un peu.

Mais ne vous inquiétez pas si vous ne trouvez pas votre pilote d'imprimante en raison de la majorité des imprimantes, si la nouvelle ou ancienne version dispose d'un câble qui permet la connexion à un port LPT ou utilise un port COM si vous utilisez un ordinateur portable.

Si le fabricant ne fournit pas le câble LPT, vous pouvez rechercher les convertisseurs de magasin informatique le plus proche. Vous pouvez connecter l'imprimante à un ordinateur à l'aide d'un câble d'imprimante parallèle.

Ensuite, insérez le CD d'installation de l'imprimante à un lecteur de CD / DVD pour installer l'imprimante. Puis, quand il est installé, imprimez sur votre imprimante.

*Figure 2.10 connecter l'imprimante au port LPT*

## 2,5   Mises à jour du logiciel d'impression

Si l'imprimante est toujours problématique, ouvrez le Gestionnaire de périphériques, puis spécifiez l'imprimante, puis cliquez sur Mise à jour pilote lorsque vous êtes connecté à Internet. Cela provoque les fenêtres seront mis en ligne et rechercher des pilotes compatibles qui fonctionnent avec l'imprimante.

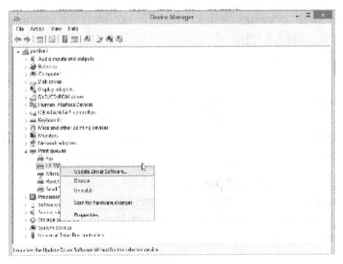

*Figure 2.11 Mise à jour des pilotes logiciels*

## 2.6    Crashes d'imprimante lors de l'utilisation de connexion sans fil

Dans certains cas, l'imprimante Windows 7 frappera si vous portez comme une connexion sans fil Bluetooth. Si tel est le cas, le problème pourrait être du pilote de périphérique, et il pourrait être de son Bluetooth.

Tout d'abord, désactiver la connexion sans fil / Bluetooth, si l'imprimante peut imprimer correctement, le problème est à la connexion sans fil.

Si l'imprimante ne fonctionne toujours pas, même si vous le connectez à un ordinateur Windows 7 directement, alors il est plus probable dans le pilote de périphérique.

Vous pouvez ouvrir le gestionnaire de périphériques et voir si l'imprimante est-il?

Si oui, de l'imprimante est reconnue par Windows, il est un peu moins compatible avec les pilotes Windows. Menu contextuel et cliquez sur Se connecter à Internet pour mettre à jour le pilote du dispositif tel que décrit précédemment.

Si les fenêtres ne peuvent pas comprendre le logiciel en utilisant la méthode de recherche standard, vous pouvez rechercher manuellement le pilote.

Mais si elle est le second cas, la connexion sans fil qui provoque une erreur d'impression, puis résoudre ce Bluetooth. En général, le problème est dans la configuration Bluetooth avec Windows. Une fois que le problème est résolu, vous pouvez rouvrir Windows.

## 2.7  Imprimante réseau de travail sur Windows 7 Crashes

Pourquoi imprimante réseau pour frapper le travail? La raison est généralement un pilote de périphérique manquant ou incompatible. Vous pouvez vérifier et télécharger les derniers pilotes pour résoudre ce problème.

Si vous le faites déjà, mais l'imprimante sur le réseau ne fonctionne toujours pas, le problème est autre chose.

Tout d'abord, essayez d'imprimer une page sur l'ordinateur où se trouvait l'imprimante directement. Si vous pouvez faire avec l'impression, mais il ne peut pas être accessible à partir d'un autre ordinateur, puis faire vérifier comme suit:

2. Si le réseau est un réseau qui homogène, ce qui signifie que tous les ordinateurs fonctionnant sous Windows 7, vous pouvez créer un groupe résidentiel pour Windows. Cela rend plus facile d'accéder à l'imprimante à partir de tout ordinateur sans aucun problème.

2. Si le réseau est en utilisant d'autres systèmes d'exploitation tels que XP ou Vista, vous pouvez utiliser le port TCP / IP au lieu du port standard.

## 2.8 Empêcher encrassé encre d'imprimante avec climatisation

Le fait est que l'encre d'imprimante est rapidement colmaté si vous vivez dans une zone avec une faible humidité. Ceci est particulièrement le cas dans un pays chaud comme l'Indonésie. Par conséquent, pour éviter cela, vous pouvez augmenter l'humidité de la pièce, on peut venir avec la climatisation.

En plus de l'encre d'imprimante est plus difficile à trouver, il vous fera également confortable pour travailler. Mais si vous pensez que l'ajout d'air conditionné est trop cher, il est en fait un moyen facile d'éviter encrassées AC, impression d'au moins une ou deux pièces par jour.

## 2.9 Si l'impression secondes Luber / Smearing

Parfois, lorsque vous utilisez l'imprimante à jet d'encre, vous verrez un peu de moisissure qui est moins évident à cause du trop-plein d'encre. En fait, ce n'est pas l'encre qui déborde, mais il y a un objet qui a collé à la tête d'impression de l'imprimante. Si votre imprimante est équipée d'une buse de cartouche sur, puis après avoir changé la buse sera généralement un léger effet de débordement lorsqu'il est utilisé pour l'impression. Par conséquent, essayez de nettoyer la buse d'elle, mais ne pas toucher la plaque de buse.

*Figure 2.12 Impuretés sur la tête d'impression rend l'impression ne sait pas*

## 2.10 Estampes de commande Vrai

Certaines imprimantes laser pour imprimer avec une configuration particulière, de sorte que la page imprimée face vers le bas. Pour les documents de plusieurs pages, ce qui est bon, car il fera la page en une séquence. L'imprimante à jet d'encre serait généralement imprimer la première page en bas, de sorte que vous devez organiser la page de commande de l'argent. Certaines imprimantes peuvent réordonner cette page, mais la majorité ne sont pas.

Si vous avez un jet d'encre qui ne dispose pas d'une fonction d'impression sur son pilote, plusieurs programmes permettent l'impression dans l'ordre inverse. Par exemple, si vous utilisez Word 2003, vous pouvez choisir Outils> Options, puis ouvrez l'onglet Imprimer. Et décocher la commande d'impression inverse.

Dans Word 2007, vous pouvez sélectionner le bouton Microsoft Office, puis cliquez sur Options Word et sélectionnez Options avancées dans le volet gauche de la boîte de dialogue. Ensuite, faites défiler les options d'impression et vérifiez la**Pages d'impression dans Inverser l'ordre Boîtes**,

L'autre façon dans la Parole est de dire au programme d'imprimer dans une gamme en sens inverse. Par exemple, pour écrire 24 pages dans Word 2003, vous donnez un chèque sur l'option Ordre inverse, puis sélectionnez Fichier> Imprimer, puis dans la zone de texte Pages, vous pouvez demander à Word pour imprimer des pages 24-2.

*Figure 2.13 Caractéristiques Pages d'impression dans l'ordre inverse, dans l'option avancée Options Word dans Word 2010*

## 2.11 Mise au rebut de bloatware

Certaines imprimantes (imprimantes en particulier de type tout-en-un, complet avec scanner et téléphone) installera le gros logiciel qui est pas forcément nécessaire et souhaité. Par exemple, des outils pour vérifier automatiquement ou non des mises à jour du pilote. Jusqu'à programmes graphiques que vous n'avez pas besoin.

Pour supprimer divers logiciels inutiles (bloatware), vous pouvez sélectionner l'option personnalisée lors de l'installation de la prochaine imprimante, et utilisez l'option typique ou recommandée. Et puis choisir le logiciel à installer.

Si l'installation minimale est sélectionnée, le minimum est le conducteur lui-même. Dans certains cas, vous pouvez télécharger le fichier d'installation à partir d'au moins le site du constructeur. Et ne pas besoin d'installer à partir du CD.

## 2.12 Faire beaucoup automatique Pour tester Captions Impression

Pour vérifier l'imprimante, vous devez disposer d'une page particulière à imprimer, mais parfois vous ne disposez pas de documents prêts à l'impression. Par conséquent, si confus voulez imprimer, vous pouvez utiliser la formule « = rand (p, s) » disponible pour générer du texte rapidement.

Où p désigne le nombre de paragraphes qui seront créés et s fait référence au nombre de phrases dans chaque paragraphe. Il apparaîtra automatiquement que vous voyez les paragraphes pertinents. Du début Word 2003 et 2013 se présente comme suit:

```
=rand(1,1)
```

*2,14 affichage de l'image pour créer une formule en tapant « = rand (p, s) »*

Apparaissent ensuite automatiquement le texte.

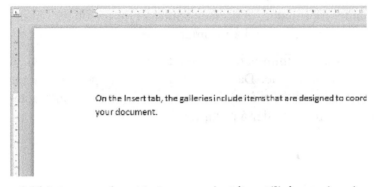

On the Insert tab, the galleries include items that are designed to coord
your document.

*Figure 2.15 Auto apparaissent textes pourraient être utilisés pour imprimer des chèques*

## 2.13 Vérification de l'imprimante multifonction par défaut

Certains programme d'installation du programme de l'imprimante
suppose que l'imprimante est en cours d'installation deviendra
l'imprimante par défaut. Autre programme d'installation vous
permet de choisir de faire l'imprimante par défaut ou non.

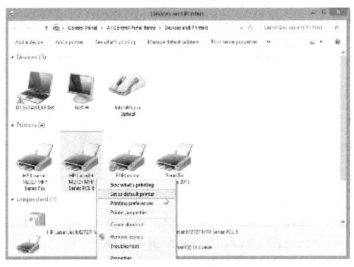

*Figure 2.16 Configuration de l'imprimante comme imprimante par défaut*

Pour l'imprimante par défaut, cliquez droit sur l'imprimante, puis vérifiez la Définir comme imprimante par défaut. Parce qu'il n'y a pas de norme, vous pouvez tester la fenêtre de l'imprimante pour l'imprimante principale, donc pas de problèmes après avoir cliqué sur l'imprimante.

## 2.14   Maintenir la cohérence avec PostScript

En général, aujourd'hui, vous n'avez pas à vous soucier de la langue de l'imprimante, bien que parfois il y a une exception, en général, est un post-scriptum.

L'une des caractéristiques de post-scriptum est les sauts de ligne, les sauts de page, le placement d'images, et une autre configuration ne change pas même si un post-scriptum d'imprimante. Bien que le langage d'imprimante autre que post-scriptum, vous ne pouvez pas être en mesure d'obtenir le même look

*Figure 2.17 est un langage d'imprimante PostScript pour la plupart, sous copyright Adobe*

Par conséquent, si vous voulez imprimer un document ou un fichier dans plus d'une imprimante, et vous insistez sur la cohérence de la mise en forme, vous pouvez utiliser une imprimante post script si possible. Sinon, vous pouvez convertir en un fichier PDF et imprimer à partir du lecteur PDF.

## 2.15 Impression de documents monochrome Comme noir uniquement

Certaines imprimantes émettra un message d'erreur lorsque vous souhaitez imprimer des documents monochromes en disant que l'imprimante ne fonctionne pas parce qu'il n'y a pas d'encre couleur.

Cela est généralement dû à son conducteur, la majorité des imprimantes ont la possibilité d'imprimer à l'encre noire seulement. Et refusera d'écrire si elle se révèle pas d'encre couleur.

*Figure 2.18 Modification de l'impression couleur des options Black & White*

donc changer l'option pour permettre l'impression en noir uniquement, et assurez-vous qu'il a un certain inventaire et la cartouche d'encre entre vos mains.

## 2.16 L'amélioration de la qualité d'impression avec le papier droit

L'une des raisons les gens se plaignent souvent lors de l'utilisation jet d'encre est le mauvais type de papier. En effet, du papier de divers types. Et il y a beaucoup de couleurs absorber, et d'autres moins.

Si différents types de papier, l'imprimante doit déterminer la quantité d'encre, et la proportion de couleurs différentes pour produire la même couleur. Par conséquent, pour améliorer la qualité d'impression, vous devez identifier le type de papier.

Certains types d'imprimantes à jet d'encre détecte automatiquement le type de papier, mais cette fonction est toujours là pour chaque imprimante. vous pouvez définir le pilote afin d'imprimante approprié que vous utilisez.

*Figure 2.19 Détermination du type de papier pour une imprimante particulière*

## 2.17 Réglage du format de papier droit

Le papier que vous choisissez peut faire une différence significative dans l'affichage de sortie. Des exemples de papier de couleur blanche et brillante feront le texte, des images et des lignes plus visibles, et la couleur devient plus lumineux. En effet, le système visuel humain perçoit les couleurs en fonction de la différence avec la couleur de l'environnement, dans ce cas, il est la couleur du papier.

Pour jet d'encre, la couleur détermine également la quantité d'encre sera absorbée par le papier et si l'encre déborder dans la zone environnante. Et généralement, un bon papier est plus cher que la qualité du papier est pas, donc vous devez être prudent lors de l'expérimentation avec du papier.

## 2.18   Quand il vient avis cartouche Out

Par exemple, maintenant deux le soir, et vous êtes tout à l'heure remplir le rapport de travail de bureau. Et doit bientôt être imprimé maintenant. Alors que l'imprimante répond que l'imprimante est hors d'encre.

Que devrais tu faire? tous les magasinscap, mais ne vous inquiétez pas, avant que le magasin d'ordinateur, vous pouvez essayer certaines de ces astuces ci-dessous. En premier lieu, ouvrir le panneau de commande de l'ordinateur, et voir quelle cartouche qui est en cours d'exécution d'encre.

Après cela, allez en haut de l'imprimante et retirez la cartouche et secouez-shake et installer un nouveau. Si vous ne pouvez toujours pas, mettre un peu de ruban adhésif sur les contacts en cuivre, parfois il tromper l'ordinateur et l'imprimante, vous pouvez imprimer un peu plus longtemps.

## 2.19   Sèche-cheveux à l'aide d'encre d'imprimante

Dans la plupart des cas, lorsque l'imprimante signale une pénurie d'encre ou l'encre est épuisée, l'encre totale réelle elle-même n'a pas été épuisé. Alors qu'il ya encore de l'encre résiduelle qui peut être utilisé.

Par conséquent, lorsque vous recevez une encre de notification s'écoule, ne jetez pas la cartouche. Prenez la cartouche, puis prenez le sèche-cheveux et de la chaleur à utiliser une cartouche de sèche-cheveux jusqu'à ce que la cartouche un peu chaud au toucher.

Quand encore chaud, attache rapide à la fois l'imprimante et lancer l'impression. En effet, la chaleur fera l'encre légèrement édulcoré afin qu'elle puisse couler dans la cartouche et élimine également le gel ou briser l'encre de la buse.

Mais ce n'est une étape intermédiaire, tandis que le long terme, vous devriez acheter immédiatement une nouvelle imprimante.

## 2.20   remise à zéro de la mémoire

Lorsque vous achetez une imprimante à jet d'encre, vous dépenser de l'argent pour acheter de l'encre. En effet, la plupart des imprimantes utilisent de l'encre qui pourrait être considéré comme cartouche non pas cher.

Le logiciel du pilote qui surveilleront il y a encre restante avant de décider d'émettre un avis que l'encre est épuisée. Ce processus de suivi est généralement conservateur, ce qui signifie que vous avertisse lorsque l'encre est épuisée avant que l'encre est complètement épuisée.

Si la mémoire remise à zéro pour stocker ces informations, vous serez toujours en mesure de continuer à imprimer jusqu'à ce que l'encre est complètement épuisée. Comment réinitialiser cette mémoire dépend de la marque et le modèle de la cartouche, mais la manière est simple.

Si vous voyez un petit circuit imprimé sur le dessus de la cartouche, il y a généralement un bouton de remise à zéro sous la forme de trous. Vous pouvez appuyer sur ce bouton à l'aide d'un trombone, le même que lorsqu'il a publié un CD coincé dans le lecteur de CD Rom.

## 2.21    Connaître les pilotes d'imprimante Plus

Si vous venez d'installer le programme, vous devez installer le pilote pour votre imprimante au PC. Si vous ne l'avez pas installé les pilotes sur votre ordinateur, l'imprimante ne sera pas en mesure de bien fonctionner.

Le conducteur? En gros, le pilote est le logiciel qui fonctionne et contrôle les périphériques connectés à votre ordinateur, dans ce cas, l'imprimante.

Donc, si le pilote d'imprimante n'est pas installé dans le système d'exploitation, et par hasard, votre système d'exploitation ne pas les pilotes natifs pour Windows, vous ne serez pas en mesure d'utiliser l'imprimante. En effet, les fenêtres deviennent pas « reconnaître » l'imprimante.

Si vous avez perdu les pilotes d'imprimante de disque, et que vous devez réinstaller le pilote, alors ne pas confondre, car en général, le fabricant fournira un pilote d'imprimante pour le nouveau système d'exploitation sur le site officiel.

## 2.22    Premiers pas Lors de l'affichage processus d'impression d'erreur

Si vous rencontrez une erreur dans le processus d'impression (dans tout le monde en général a connu des problèmes d'impression), la première étape que vous devez faire est de redémarrer l'imprimante et l'ordinateur.

Après cela, un contrôle sur le câblage qui relie l'ordinateur et votre PC, et fait que l'interrupteur d'alimentation est branché. Si tout est encore une erreur, essayez de mettre à jour ou réinstaller le pilote.

## 2.23 Lors de l'achat d'une nouvelle cartouche

Lors de l'achat d'une nouvelle encre d'imprimante, assurez-vous de vérifier le prix d'abord sur le site officiel du fabricant, ou peut également demander dans les magasins d'ordinateurs le plus proche.

Parce qu'il se trouve souvent une cartouche que le prix est trop faible. Bien que non original, donc la qualité est pas bien. En principe, le prix de la cartouche d'origine est presque égal au prix de l'imprimante. Parce que ceux-ci comprennent la stratégie commerciale du fabricant de l'imprimante, qui vend des imprimantes sur le pas cher, mais profiter de ses nombreux de la cartouche.

Si vous souhaitez utiliser la cartouche d'encre réusinées, assurez-vous que est géré par des professionnels. Si elle était en train de faire une qualité compétente, ces cartouches plutôt garantie.

Si vous avez une imprimante à jet laser et cartouches de toner commencent à montrer des signes de fonctionnement, tels que l'impression devient moins noir, avant d'acheter directement toner, vous pouvez secouer un peu. Il distribuera le toner est, de manière à pouvoir imprimer plus de pages avant de finalement épuisé un peu réel.

Si vous voulez économiser de l'argent, vous pouvez définir la qualité d'impression, de « projet » ou « échelle de gris » dans les paramètres de l'imprimante. Et marqué dans le format d'impression recto-verso ou en alternance, si cette imprimante permet des installations d'impression recto-verso de ce. Cela permettra d'économiser du papier.

## 2.24 Si la cartouche d'encre Dries

Si la cartouche d'encre se tarit, l'impression ne sera pas optimale. Vous pouvez retirer la cartouche, puis le plonger dans l'eau chaude pendant quelques secondes. Ce qu'il fera dans l'encre fondue est pas encore sèche.

Après cela, rincer la tête d'impression avec du papier de soie. Vous pouvez sécher la cartouche et le retourner à l'imprimante. Si l'imprimante est dit que l'encre est réduite, mais vous pouvez toujours imprimer avec une haute qualité, puis continuer le processus d'impression, car il y aurait encore obtenir quelques pages.

*Figure 2.20 cartouche pondus dans l'eau chaude aidera à accélérer l'encre sèche*

## 2,25   Réseau Partage d'imprimante

Pour optimiser le travail dans une imprimante de bureau, le partage d'imprimante est couramment utilisé. Avec le partage d'imprimante, plusieurs ordinateurs peuvent utiliser une seule imprimante. Il permet d'économiser certainement le pouvoir et le coût.

Avec le partage de l'imprimante, l'ordinateur peut également imprimer à distance, par exemple, si vous utilisez une connexion Wi-Fi ou réseau câblé. Voici les étapes sur l'ordinateur qui partage l'imprimante réseau, la première configuration du serveur:

2. Pour Windows 8, cliquez sur Démarrer le type « panneau de contrôle » sans les guillemets.

*Figure 2.21 frappe Panneau de configuration*

2.     Ensuite, sélectionnez le panneau de commande ou si l'affichage correctement comme ci-dessus appuyez sur « Entrée » seulement. Ensuite, la boîte de dialogue pop-up panneau de commande

*Figure 2.22 Cliquez sur le matériel et les sons> Afficher les périphériques et imprimantes*

2. Dans la catégorie Matériel et audio, sélectionnez Afficher les périphériques et imprimantes. Viendra ensuite à la boîte de dialogue périphérique et imprimantes.

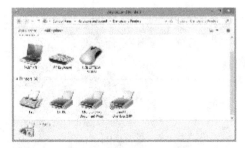

*Figure 2.23 périphériques et imprimantes*

4. Dans la liste des imprimantes, cliquez droit sur et sélectionnez le menu **propriétés d'impression**,

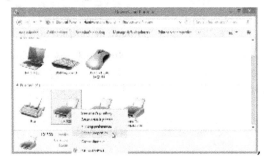

*2.24 l'image Kilk sur les propriétés d'impression dans le menu contextuel de l'imprimante sélectionnée*

5. Ensuite, choisissez l'onglet « Partage » vérifier « Partager cette imprimante » après cliquez sur OK

*Figure 2.25 Partager l'imprimante*

Alors que sur le client, sa mise en place comme ceci:

2. Exécutez l'Explorateur Windows puis passez à un lecteur réseau, puis sélectionnez l'ordinateur serveur est connecté.

*Figure 2.26 exécuter Internet Explorer*

2. En règle générale, l'imprimante partagée apparaît avec le partage de fichiers

*Figure 2.27 Imprimante apparaît déjà*

2. 2x cliquez sur l'imprimante, l'installation sera effectuée automatiquement.

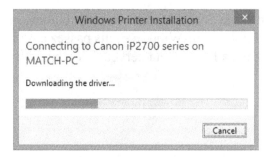

*Figure 2.28 Installation de l'imprimante se fait*

4. Lorsque vous avez terminé, vérifiez le « appareil et imprimante » sur le panneau de commande,

*Figure 2.29 Périphérique et imprimante*

5. L'imprimante réseau est prêt à être utilisé.

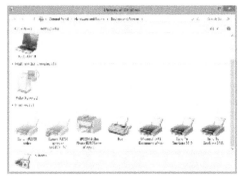

*01:30 Image Printer est prêt à l'emploi*

## 2.26   Imprimer dans Windows 8 Apps Metro

Dans Windows 8, Microsoft standardise quelques tâches à faire des choses grâce à de nouvelles fonctionnalités, telles que la barre de charme, contacts et réglage. Cela se fait grâce à une nouvelle interface appelée Metro. Tout d'abord, vous pouvez ajouter la première imprimante à Windows 8 de la même manière que Windows 7, en utilisant les périphériques d'interface et imprimantes, puis ajoutez l'imprimante et PC de configuration.

*01:31 Image Printer est inséré dans Périphériques et imprimantes*

environnement Metro exige une approche différente, vous pouvez ouvrir la barre de charme, puis cliquez sur Paramètres.

*Figure 01h32 Cliquez sur Paramètres pour configurer via l'interface utilisateur de métro*

Ensuite, ouvrez les paramètres du PC, et vous pouvez faire beaucoup de paramètres du PC.

Le réglage du PC est simple. Et maintenant, la question est, comment faire l'impression sur l'interface utilisateur de métro. Impression identique à une autre tâche peut être effectuée dans les applications de métro. Tout d'abord, vous pouvez ouvrir les périphériques au préalable. imprimantes qui y sont indiquées déjà répertoriées.

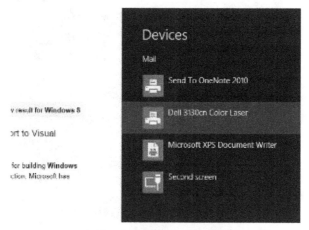

*01:34 Image Printer est déjà visible*

Vous pouvez également utiliser le raccourci CTRL + P pour afficher le panneau d'impression. Et d'autres logiciels associés à l'imprimante, comme le Envoyer à une note. Ensuite, sélectionnez l'imprimante, des copies, l'orientation et d'autres.

*01:35 image Sélection de l'imprimante*

Ensuite, les paramètres de l'imprimante plus loin.

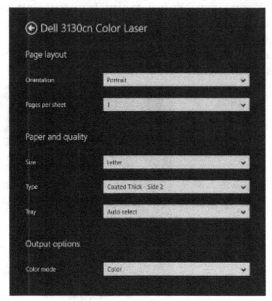

*01:36 configuration de l'imprimante d'image plus*

Vous pouvez configurer plus avancé. Tels que la mise en page, la qualité d'image, les options de sortie et ainsi de suite. Pour imprimer, cliquez sur Imprimer la vue Paramètres de l'imprimante.

## 2.27  Ajouter une imprimante à un réseau sans fil

Les réseaux sans fil peuvent être utilisés pour diviser à l'imprimante. En fait, le principe est le même que la façon de partager l'imprimante sur un réseau câblé. A savoir, comme suit:

2. Assurez-vous que l'ordinateur dispose déjà d'une carte réseau sans fil afin qu'il puisse se connecter au point d'accès / routeur pour établir un réseau sans fil.

*Figure 01h37 Certaines imprimantes peuvent directement avoir une carte réseau sans fil*

2. Si vous souhaitez partager directement l'imprimante sans utiliser un câble, assurez-vous que votre imprimante contient une carte réseau sans fil ainsi. Cependant, si non, et il n'y avait une carte de réseau câblé, il vous suffit de le brancher sur le point d'accès.

2. Connectez l'imprimante au routeur / point d'accès. Allumez les deux appareils et vérifie si le routeur est capable de détecter l'imprimante. Si l'imprimante ne dispose pas d'un écran pour afficher l'état, alors vous devez le mettre sur un PC via le port USB de l'imprimante. Si votre imprimante dispose d'un petit écran, vous pouvez généralement voir l'état de votre imprimante si elle est détectée par le point d'accès, et mentionné le nom du routeur sans fil, comme un aéroport, Belkin, Buffalo, D-Link, Linksys, netgear, Verizon ou zoom. Certains routeur / AP nécessite un mot de passe. Par conséquent, vous devez effectuer des réglages supplémentaires sur l'ordinateur pour introduire des imprimantes à l'AP / routeur.

4. Une fois que l'imprimante est détectée sur le routeur, vous pouvez allumer l'ordinateur, puis rejoindre le réseau sans fil auquel l'imprimante a été incluse en elle.

5. Ensuite, l'état de votre imprimante sera disponible et peut être consulté sur le périphérique réseau> Imprimante réseau> Serveur d'impression.

6. Donc, en conclusion, pour faire le partage d'imprimantes sur un réseau sans fil, vous devez disposer d'un PC avec un adaptateur WLAN et une imprimante avec un carte réseau sans fil ou une carte réseau régulier. S'il n'y a pas de seconde, l'imprimante doit être connectée à un ordinateur hôte appartenant au réseau.

# CHAPTER 3 CONSEILS DE FICHIERS DE PARTAGE ET DE RÉSEAUTAGE

Le partage de fichiers et le réseautage sont deux choses importantes. Les deux sont l'outil principal pour rationaliser les processus de travail dans un ordinateur. Dans ce chapitre, nous allons vous expliquer quelques conseils importants pour le partage de fichiers et sur le terrain du réseau.

## 3.1 Création d'un réseau de bureau icônes

Contrairement à Windows XP qui affichent par défaut l'icône My Network Places, Windows 7 et Windows 8 ne sont pas ces icônes dans l'installation par défaut.

Voici comment faire l'icône de réseau sur le bureau de votre ordinateur:

3. Faites un clic droit sur le bureau, puis cliquez sur **Personnalisez le changement**,

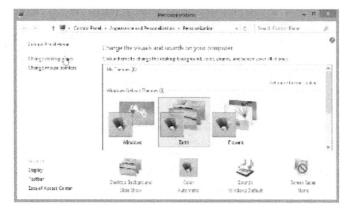

*Figure 3.1 Changement personnaliser*

3. A gauche du volet des tâches, sélectionnez les icônes de bureau Modifier.

3. Cochez la case **réseau**,

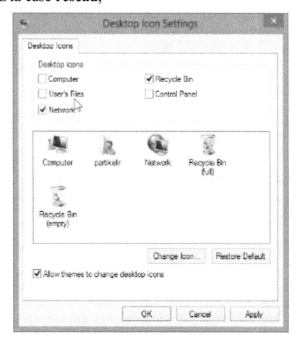

*Figure 3.2 Vérification du réseau*

4. Ensuite, l'icône de réseau pour accéder au système sera déjà sur le bureau.

*Figure 3.3 icône réseau dans le système existe déjà sur le bureau*

## 3.2 Ou changer les options de partage de dossiers publics

Windows 7 et 8 offre la commodité du partage du dossier public, le contenu de ce dossier seront partagés avec d'autres utilisateurs sur le réseau et peut également par un autre utilisateur sur l'ordinateur lui-même.

Par défaut, le dossier public contiendra des sous-dossiers pour les éléments suivants:

3. bureau du public

3. Documents publics

3. Téléchargements publics

4. Musique publique

5. Photos du public

6. Public Vidéos

7. TV enregistrée

Pour partager tous les fichiers sur un réseau avec d'autres utilisateurs, vous pouvez glisser-déposer ou enregistrer des fichiers dans le dossier public. Ou tous les sous-dossiers en public.

Mais la possibilité de partager ce dossier public changera si vous êtes connecté à un réseau public, comme dans un point d'accès wifi.

Lorsque vous installez le réseau dans Windows 7 ou 8, il vous sera demandé de déterminer si le type de tissus maison, au travail ou public. Si vous vous connectez à un réseau public, Vista désactiver le partage, y compris le partage des dossiers publics.

Il y a aussi un utilisateur s'il est attaché au réseau domestique, ne veulent pas partager le dossier tout à fait. Pour désactiver le partage de dossiers publics, vous venez de faire la conversion dans le Centre Réseau et partage.

Comment quelque chose comme ceci:

Ouvrez Centre Réseau et partage

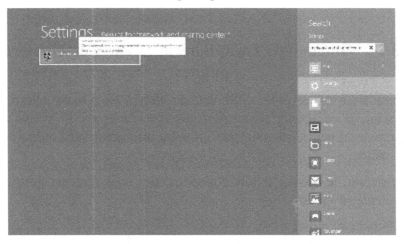

*Figure 3.4 Ouvrez le Centre Réseau et partage*

Dans la section Partage et découverte, vous verrez des réseaux. Il y a un feu vert et gris pour préciser si la fonction dans ou hors tension.

Vous pouvez cliquer sur le bouton flèche vers le bas sur le dossier public, et voir, il y a trois options:

- Activer le partage afin que toute personne ayant accès au réseau peut ouvrir des fichiers

- Activer le partage afin que toute personne ayant accès au réseau peut ouvrir, modifier et créer des fichiers

- Désactivez le partage (personnes connecté à cet ordinateur peut encore accéder à ce dossier).

Cochez le bouton radio Désactiver le partage si vous souhaitez désactiver.

Cliquez ensuite sur Appliquer

Cela jetterait pour afficher la boîte de dialogue de l'invite Contrôle de compte d'utilisateur (UAC) « Windows a besoin de votre autorisation pour continuer ... » Ensuite, vérifiez Continuer pour poursuivre le programme d'installation. Cliquez sur Continuer. Si oui, alors le dossier public ne sera plus partagée.

## 3.3    Activation découverte du réseau

Dans Windows 7 et 8, il y a un paramètre appelé découverte du réseau. Ce paramètre changera selon que l'ordinateur et les périphériques, ainsi que des fichiers et des dossiers, partagé sur le réseau, sera visible ou non sur votre PC.

Découverte du réseau Il y a deux paramètres: on et off.

Voici comment activer la découverte du réseau.

3. Ouvrez Centre Réseau et partage.

3. Voir l'icône d'état du réseau dans la zone de notification.

3. Cliquez sur l'icône et sélectionnez **Centre de réseau et partage**,

Sélectionnez Afficher l'état du réseau et les tâches
Sous Partage et découverte, cliquez sur la flèche déroulante. Vous verrez les options suivantes:

- Activer la découverte du réseau

- Désactiver la découverte du réseau

Cliquez sur le bouton radio à côté de Activer la découverte du réseau. Apparue UAC, cliquez sur Continuer. Si a été exécuté la découverte du réseau, vous pourrez voir les ordinateurs, les périphériques, les fichiers et les dossiers qui ont été partagés sur votre réseau.

## 3.4 Applications en cours d'exécution en mode Administrateur

Sous Windows XP, la majorité des personnes en cours d'exécution d'un ordinateur en mode admin. Dans Windows 7 et 8, vous pouvez vous connecter en tant qu'utilisateur mais toujours capable d'exécuter en tant qu'administrateur.

Mais certaines applications nécessitent d'avoir le mode administrateur si vous voulez exécuter l'application. Surtout l'ancienne application ou utilitaire non pris en charge par Windows 7 ou 8.

Voici comment exécuter des applications en mode admin:

La première est de cliquer droit sur l'icône de bureau du programme, puis cliquez sur Exécuter en tant qu'administrateur menu. Vous pouvez le faire à chaque fois si vous voulez exécuter des applications spécifiques en mode admin.

Vous pouvez également définir le programme à exécuter toujours en mode admin. Je clique sur l'icône du bureau pour le programme et puis cliquez sur Propriétés. Sous l'onglet contextuel, cliquez sur Avancé et sélectionnez la sélectionnez Exécuter en tant qu'administrateur.

## 3.5 Dans un accès instantané le Gestionnaire des tâches

Sous Windows XP, vous pouvez utiliser le raccourci CTRL + ALT + DEL pour afficher le gestionnaire de tâches en un instant. Mais dans Windows 8 si vous cliquez comme ça, le seul écran de métro apparaît avec une variété de menus.

Maintenant, si vous voulez exécuter immédiatement le Gestionnaire des tâches directement, cliquez sur CTRL + SHIFT + ESC. Ceci affichera immédiatement le gestionnaire de tâches.

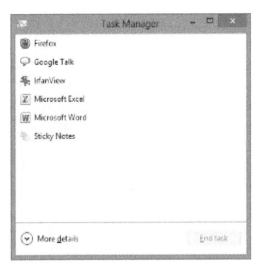

*Figure 3.5 Gestionnaire des tâches affiche*

Pour voir plus de détails, cliquez sur Plus de détails, puis afficher les applications et les processus qui sont en cours d'exécution seront affichés.

*Figure 3.6 processus d'affichage et de fonctionnement affichés sur l'écran Plus de détails*

Plusieurs autres onglets ont une fonction critique, par exemple, montrant l'onglet Performance pour voir la performance du CPU, mémoire, disque et ainsi sur l'ordinateur à ce moment-là.

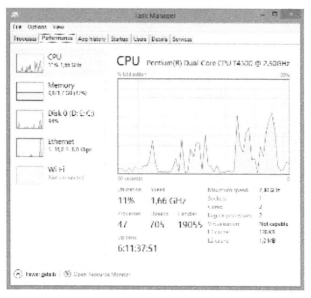

*Figure 3.7 onglet Performance sur l'ordinateur*

# 3.6 Pour le partage manuellement

Comment cela a été utilisé pour accéder au partage réseau généralement par le biais de mon réseau. Ceci peut être utilisé pour accéder au groupe de travail, l'ordinateur et le dossier. Mais s'il y a un problème particulier, vous pouvez accéder à la part manuellement. Par exemple, lorsqu'un dossier ne peut pas être consulté manuellement.

L'astuce est similaire au chemin d'accès aux fichiers locaux tels que (C: / Windows /), mais légèrement modifié, par exemple comme ceci: (\\ bureau \ Mes documents \).

Ceci est appelé un format de fichier UNC, et le format est le suivant: Nama_komputer \\ \ nama_share \ nama_file_opsional

*Figure 3.8 Accès aux dossiers avec UNC*

## 3.7 Utilisation de Windows outil de réparation et d'outil de diagnostic

S'il y a un problème sur le réseau, Windows fournit un outil outil de diagnostic. Si dans Windows XP, comment y accéder facilement, par un clic droit sur l'icône réseau, puis sélectionnez la réparation.

Alors que dans Windows 7, comment le clic droit sur l'icône Centre Réseau et partage. Cliquez ensuite sur Diagnostiquer et réparer.

Si dans Windows 8, trouver le diagnostic et la réparation dans la recherche dans le métro.

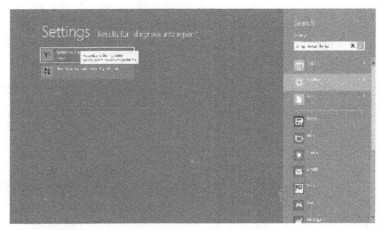

*Figure 3.9 Recherche Diagnostiquer et réparer dans Metro Windows 8*

La fenêtre d'état apparaît et les fenêtres exécutera des vérifications et des tests. Enfin, vous pouvez voir si le problème a été réglé encore.

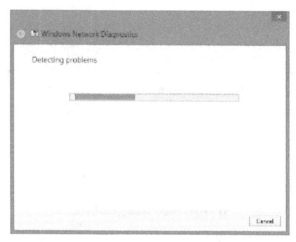

*Figure 3.10 Diagnostic're réseau vérifier s'il y a un problème ou non*

# 3.8 Partage Vérification Réglage

Paramètres de partage et de découverte et réseau fonction de localisation dans Windows peut vous faire pas en mesure de partager le réseau. Il est en fait mieux si vous utilisez un réseau public, mais si elle n'est pas correctement, peut vous faire partager pouvez un dossier quand il est nécessaire.

Vous pouvez vérifier les paramètres de partage par un clic droit sur l'icône Centre Réseau et partage, puis sélectionnez Centre Réseau et partage.

Ensuite, vérifiez l'emplacement du réseau existant dans des guillemets doubles à droite du nom du réseau. S'il y a une inscription publique, cliquez sur le lien Personnaliser dans le bon endroit. Assurez-vous de sélectionner les paramètres sharin et Discovery sont corrects.

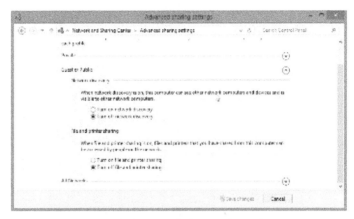

*Figure 3.11 Vérification des paramètres de partage*

# 3.9 Vérification de l'état du pare-feu et les paramètres

Pour vérifier si votre pare-feu bloque le partage dans Windows, vous pouvez activer les fonctions de pare-feu Windows à partir du Panneau de configuration.

Cliquez sur le lien Modifier les paramètres pour obtenir les paramètres d'origine du pare-feu Windows. Ensuite, assurez-vous que le bloc toutes les options de connexion entrante est pas cochée. Ensuite, dans l'onglet Exceptions, assurez-vous que le fichier et l'option de partage d'imprimante marquée.

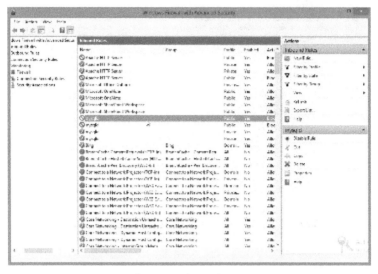

*Figure 3.12 paramètres de sécurité dans Windows Firewall*

## 3.10   Cette vérification partage Protocole activé

Fichier et protocole de partage d'imprimante est techniquement appelé le système de fichiers Internet CIFS (Common) où a été précédemment nommé Server Message Block ou SMB. Il doit être activé pour que le partage peut fonctionner de manière optimale.

Pour vérifier si le partage de protocole est activé, un clic droit sur la connexion qui est utilisée, puis sélectionnez le menu Propriétés. Assurez-client pour les réseaux MS et le partage de fichiers et d'imprimantes pour les réseaux Microsoft est cochée.

### 3.11   Redémarrer connexion réseau

Lorsque la connexion est pas optimale, vous pouvez redémarrer, éteignez et rallumez l'adaptateur de connexion / réseau. Les adaptateurs peuvent ne pas fonctionner de façon optimale ou une erreur. La cause peut être deux, ce qui est en effet ses propres adaptateurs sont endommagés; ou la configuration de Windows qui était en faute.

Pour rafraîchir la connexion, ouvrez le Centre Réseau et partage. Ensuite, un clic droit sur l'adaptateur, cliquez sur Désactiver. Après avoir attendu quelques secondes et faites un clic droit à nouveau, puis cliquez sur Activer.

## 3.12   ordinateur redémarrage

Une connexion défectueuse peut parfois être réparé le même que d'autres problèmes informatiques, à savoir par le redémarrage du PC. Ceci est parce que parfois la configuration de Windows ou d'une erreur de connexion réseau qui empêche le partage de fichiers. Vous gardez le redémarrage de l'ordinateur comme d'habitude.

## 3.13   restart Router

Lorsqu'un problème de réseau se produit, vous devez réinitialiser l'ordinateur, mais c'est le problème. Et le problème existe sur tous les ordinateurs du réseau. Cela signifie que le problème ne réside pas dans l'ordinateur, mais situé sur le routeur. Par conséquent, vous pouvez redémarrer l'ordinateur lorsque le partage ne peut pas être accessible à partir de tout ordinateur.

Le routeur est un petit ordinateur, semblable à un PC, mais peut parfois bloquer et a ses problèmes. Par conséquent, le redémarrage du routeur pourrait résoudre les problèmes de réseau. Comment redémarrer le routeur est de débrancher l'alimentation pendant quelques secondes, puis l'a conduit. Il peut parfois rendre votre système de retour à la normale.

## 3.14 Vérifier les autorisations de partage

Pour le partage se permet directement de déterminer comment le type d'accès autorisé par l'utilisateur. Par conséquent, cela pourrait être un problème si elle n'est pas réglé selon vos souhaits.

Pour passer en revue les permis / licences, faites un clic droit sur le dossier dans le partage et cliquez sur Partager. Si vous utilisez des méthodes de partage de fichiers simple, vous verrez une boîte de dialogue pour déterminer qui peut accéder, et ce qui est fait.

Si vous utilisez la méthode avancée, vous pouvez sélectionner l'onglet Partage dans la boîte de dialogue Propriétés, puis cliquez sur le bouton Partage avancé. Ensuite, vous pouvez consulter les détails et cliquez sur le bouton pour afficher la liste des autorisations d'accès.

## 3.15   Licences de fichiers de vérification (NTFS)

autorisations de fichiers NTFS seront appliqués lors de l'accès aux fichiers et dossiers grâce au partage réseau. Ainsi, en fonction de la configuration, les autorisations de fichiers NTFS peuvent parfois rendre l'accès au réseau est obstrué.

Pour passer en revue les autorisations elle, faites un clic droit sur le dossier ou un fichier, puis cliquez sur Propriétés, puis cliquez sur l'onglet Sécurité.

## 3.16   contrôle d'isolement du client dans le routeur

Si une erreur réseau, et vous avez essayé de faire quelques-unes des étapes ci-dessus, vous pouvez vérifier sur le routeur. Vous pouvez vérifier s'il y a une case à cocher cliqué.

Ce paramètre est appelé Isolation client, Isolation Layer-2, ou d'une partition WLAN. Cet isolement client empêche toute communication entre les utilisateurs connectés au routeur. Convient pour les applications publiques. Selon le fournisseur et le modèle, parfois cette fonction n'existe pas sur votre routeur.

Vous pouvez vérifier en accédant à la configuration basée sur le Web en tapant l'adresse IP du routeur, puis connectez-vous en tant qu'administrateur. Ensuite, vous pouvez vous connecter et voir si cette fonction est toujours active. En général, dans le sans fil avancé ou une similaire.

## 3.17 Adaptateur Réinstaller et restauration du routeur par défaut

Une autre façon de résoudre le problème est de réinstaller l'adaptateur. Si vous ne pouvez pas vous connecter à Internet, essayez de réinitialiser le protocole Internet (TCP / IP).

Pour réinstaller l'adaptateur, tout d'abord d'abord télécharger les derniers pilotes pour l'adaptateur sur le site Web du fournisseur. Ensuite Gestionnaire de périphériques, et la carte réseau de recherche. Faites un clic droit et sélectionnez Désinstaller.

Ensuite, redémarrez l'ordinateur, Windows détecte le nouveau matériel. Vous pouvez installer en sélectionnant le pilote téléchargé. Mais parfois, vous devez installer l'utilitaire de configuration autre que le conducteur, comment exécuter le fichier de configuration.

Avant d'effectuer un redémarrage à froid sur le routeur, vous devez sauvegarder les paramètres de configuration ou tout au moins écrire sur la configuration existante. Si facile de le récupérer.

Pour réinitialiser, selon le fabricant du routeur, il y a un clic sur le petit trou dans le routeur, par exemple à l'arrière, puis appuyez et maintenez cette pression de bouton pendant 30 secondes. Ensuite, le routeur réinitialise et redémarrez. Voyez si cela va résoudre votre problème, ne pas oublier d'activer le cryptage sans fil.

## 3.18  Utilisation d'un périphérique spécifique au partage de dossier / fichier

Le partage de fichiers est en fait quelque chose qui est facile, il est qui utilisent tous les mêmes plates-formes. Mais lorsque le système d'exploitation est différent, cela pourrait être un problème.

Si votre réseau se compose de plusieurs plates-formes, le partage de fichiers peut être un problème. Par exemple, si vous utilisez Windows, Mac et Linux. En effet, tous les systèmes d'exploitation doivent aller de pair.

La première consiste à utiliser les dispositifs SAN (réseau de zone de stockage) ou NAS (Network Attached Storage), SAN et NAS est un dispositif qui est mis en place, de sorte qu'il est facilement disponible sur toutes les plateformes. Cela rend la tâche de l'administrateur devient plus facile, même si la baisse est plus cher.

*Figure 3.13 NAS (Network Attached Storage)*

## 3.19   Quand éviter de Windows Homegroup

Si vous êtes sur un réseau, vous ne généralement pas utiliser la fonction HomeGroup. Mais si vous êtes dans le domaine, et la difficulté d'accès aux partages sur une machine Windows 7, vous pouvez vérifier si votre ordinateur ne démarre pas HomeGroup.

En effet, il active le HomeGroup aura une incidence sur d'autres plates-formes. Si votre réseau est tout composé de Windows 7 ou 8, il est préférable d'utiliser Accueil groupe, mais si le réseau est une autre plate-forme, puis éviter Homegroup

## 3.20   Le choix du groupe de sécurité dans Samba droit

Si vous utilisez Samba pour le partage de fichiers dans plusieurs plates-formes Linux et Windows, assurez-vous de sélectionner le groupe de sécurité approprié. Il y a cinq groupes de sécurité:

utilisateur

partager

domaine

Publicité

les serveurs

utilisateur

Ce mode est le mode qui est le plus facile à comprendre. Le sens de ce mode est que si le serveur reçoit le nom d'utilisateur et mot de passe sont corrects, le client sera en mesure de monter le partage sur le serveur. Cela nécessite un compte d'utilisateur à activer au serveur et utiliser la commande smbpasswd pour commencer.

Partager

Dans ce mode, si le client essayant d'authentifier la part, et lorsque l'authentification est la manière, l'utilisateur aura accès à partager tout. Voici les étapes:

3. Le client envoie une requête au serveur avec un nom d'utilisateur valide, le nom d'utilisateur pour le serveur Samba.

3. Samba cache ce nom d'utilisateur.

3. Client émission d'une demande de connexion et également part qui souhaitent se connecter.

4. Le mot de passe de l'utilisateur est vérifié avec un nom d'utilisateur avec un nom d'utilisateur, si le mot de passe correspondant, le client sera accordé l'accès.

Domaine

Cette méthode est utilisée lorsque le compte est stocké sur un serveur centralisé, par exemple, dans un contrôleur de domaine Windows. Cette méthode nécessite toutes les demandes d'authentification à passer par le contrôleur de domaine. Cette méthode nécessite également un paramètre supplémentaire à la « sécurité = domaine » qui ressemble à ce qui suit:

groupe de travail = DOMAIN

Où domaine est le domaine d'origine dans le réseau. Cette méthode exige également que la machine est connectée doit être joint au domaine et exigent des droits d'administrateur pour pouvoir le faire.

Il est Active Directory. Samba ne comprend pas les outils nécessaires pour rejoindre l'armée. Mais les serveurs AD doivent fonctionner en mode natif pour cela. Le même serveur a besoin d'un système Kerberos et doit être donné la configuration smb.conf supplémentaire comme suit:

domaine = KERBEROS.REALM

sécurité = ADS

Où KERBEROS.REALM est le domaine qui est configuré dans le fichier de configuration Kerberos.

serveur

Ce mode est rarement utilisé car il est pas vraiment sûr. Cette méthode envoie votre nom d'utilisateur et mot de passe à un autre serveur pour l'authentification. Le problème est que la troisième machine était en baisse, il n'y aura pas d'authentification.

Les questions de sécurité lorsque l'authentification existante, la connexion reste ouverte et cela permet aux personnes victimes de violence.

## 3.21 Nom d'utilisateur et mot de passe correspondant

L'une des raisons pour lesquelles beaucoup ne parviennent à accéder au réseau est parce que l'utilisateur soit d'entrer un nom d'utilisateur et mot de passe faux. Il n'a généralement pas d'importance si dans un environnement de domaine, mais si un environnement de groupe de travail, vous aurez besoin d'un nom d'utilisateur et mot de passe sont les mêmes pour les machines qui partagent.

Assurez-vous que vous ne rencontrez des erreurs correspondant à nom d'utilisateur et mot de passe, ce qui est très difficile, surtout si vous devez changer les mots de passe tous les 30 jours, si vous vous sentez mal à, vous pouvez utiliser Active Directory ou LDAP.

## 3.22 Rendre le partage Groupe

Groupe de partage peut faciliter la vie lors de l'utilisation du répertoire actif qui fonctionne sur différentes plates-formes. En utilisant le partage de groupe, vous pouvez ajouter des utilisateurs, et de le traiter de la même. Il est plus facile que de traiter avec des autorisations de chaque utilisateur.

Mais assurez-vous que le groupe est configuré correctement, et de partager ses autorisations sont correctes. Pour les utilisateurs qui travaillent sur différentes plateformes, ces autorités doivent être plus ouverts que dans la même plate-forme.

Par exemple, s'il y a un groupe de sécurité « Linux User », vous pouvez définir les autorisations d'accès en lecture / écriture. Cela empêche tout le monde peut partager votre dossier à l'utilisateur avec une variété de systèmes d'exploitation.

Le partage de dossiers sur le réseau que l'ordinateur dispose d'un système d'exploitation différent peut être un problème. Mais par essais et erreurs et de tâtonnements, au fil du temps, vous pouvez certainement tout faire.

*Figure 3.14 Création d'un groupe de partage dans le répertoire actif*

## 3.23    Assurez-ordinateur nommé correctement

Dans le réseau poste à poste, tous les ordinateurs doivent avoir un nom unique. Assurez-vous que les noms de tous les systèmes est unique et en suivant les recommandations de Microsoft. Par exemple, pour éviter les espaces dans votre nom de l'ordinateur.

En effet, les versions de Windows 98 et plus de fichiers Windows ne prennent pas en charge le partage avec les ordinateurs qui ont des noms avec des espaces. Le nombre de lettres du nom de l'ordinateur doit également être pris en compte.

Voici quelques exigences appelant les ordinateurs du réseau:
3. Il ne devrait pas y avoir deux ordinateurs dans le réseau avec le même nom de l'ordinateur, assurez-vous que tous les noms d'ordinateur sont uniques.

3. Assurez-vous que chaque ordinateur ne dépasse pas 15 caractères. Que ce soit compatible avec les ordinateurs existants.

3. Assurez-vous qu'aucun nom de l'ordinateur contient des espaces, Windows ME et les versions antérieures ne peut pas reconnaître un ordinateur avec un espace dans son nom.

4. Évitez d'utiliser des caractères spéciaux dans le nom de l'équipement, par exemple: / \ * ,. « @

5. Évitez d'utiliser des lettres minuscules dans le nom de l'ordinateur. Sous Windows Vista et ci-dessus, ne considérera pas en majuscules ou en minuscules. Donner le nom dans toutes les lettres majuscules est recommandépour éviter les conflits lors d'un réseau avec les anciennes versions de Windows.

Pour renommer l'ordinateur, vous ne pouvez ouvrir les Propriétés système, puis cliquez sur le changement Pour renommer cet ordinateur ou changer son domaine ou groupe de travail.

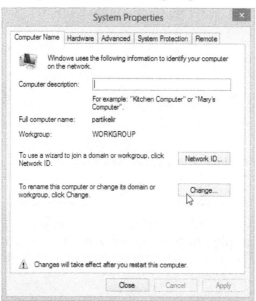

*Figure 3.15 Cliquez sur Modifier pour changer le nom de l'ordinateur*

Ensuite, remplacez-les par le nom que vous voulez.

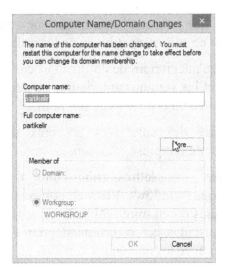

*Figure 3.16 changement de nom des ordinateurs*

## Groupe de travail et de noms de domaine 3.24 correctement

Chaque ordinateur windows appartiennent toujours au groupe de travail ou d'un domaine. Réseau à la maison ou au bureau utilise généralement un groupe de travail, alors que les grands systèmes informatiques utilisent généralement le domaine.

Assurez-vous que tous les ordinateurs du réseau local groupe de travail ont le même nom de groupe de travail. Bien que le partage de fichiers entre les ordinateurs avec un groupe de travail peut être fait, mais il est plus difficile et souvent l'erreur. Par conséquent, assurez-vous que le nom est correct, le rendant plus accessible et identifiable.

De même, la mise en réseau de domaine Windows, assurez-vous que chaque ordinateur est défini sur le nom de domaine droit.

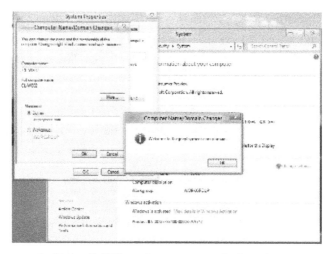

*Figure 3.17 Remplacement nom de domaine*

## 3.25 Connaître votre réseau outil de dépannage dans Windows

Un réseau informatique est un outil régulier qui parfois ne fonctionne pas bien. Pour que Windows est un outil qui vous permet d'effectuer bien le dépannage du réseau.

Voici quelques outils de dépannage réseau dans Windows:

3. Ping

« Ping » est les plus importants outils de dépannage réseau. Ping Tool est utilisé pour vérifier que le protocole TCP / IP est correctement installé sur l'ordinateur. Ping peut également être utilisé pour vérifier si un ordinateur est déjà connecté au réseau correctement. Ping est également utilisé pour vérifier si un site Web ou un ordinateur distant fonctionne bien, il pourrait également être utilisé pour vérifier si la décision est le nom correct de l'ordinateur.

Comment porter du tout facile, il suffit de taper dans le ping invite de commande suivi de l'adresse IP ou le nom de domaine.

3. ipconfig

---

Outil 'ipconfig' afficher la configuration IP TCP. config IP affichera l'adresse IP, le masque de sous-réseau et la passerelle adresse Internet / réseau. Vous pouvez utiliser l'outil pour vérifier que la configuration du TCP / IP est correctement réglé.

## 3. le nom d'hôte

Nom d'hôte utilitaire sous Windows affiche le nom de l'ordinateur. Cet outil est utilisé pour assurer que l'ordinateur est aussi le nom souhaité lors du mappage d'une unité de réseau

## 4. Tracert

« Tracert « (prononcé » traceroute « ) est un message de test à un réseau informatique à un hôte distant et suivra bientôt le chemin emprunté par le message qu'il affiche l'adresse IP tracert nom pour chaque routeur ou une passerelle qui est utilisé pour atteindre les objectifs

« Tracert » est adapté à une utilisation dans le diagnostic des problèmes sur la connectivité Internet ou d'un réseau à l'école ou au bureau

## 5. Arp

Commande 'arp' défini cache Address Resolution Protocol. ARP contiendra plusieurs adresses des noms d'ordinateurs et IP associées à certaines conditions, comme aux administrateurs du réseau ou l'école d'entreprises doivent afficher ou modifier le contenu du cache ARP. « Arp » comprend des outils d'administration réseau sont très avancés

## 6. Route

Il est également un outil qui est avancé et utilisé dans Windows, « route » peut être utilisé pour visualiser et afficher la table de routage de l'ordinateur. « Route » peut être utilisé à des réseaux d'entreprises ou l'école pour diagnostiquer les cas où un ordinateur ne peut pas atteindre d'autres ordinateurs du réseau local.

## 3.26   Renforcer le signal WiFi

Wifi ou les réseaux sans fil qui prévalent partout, des cafétérias, des ateliers, des campus, jusqu'à la station d'essence, la puissance du réseau dépend de la réception de signaux par carte réseau sans fil que vous avez.

*Figure 3.18 Logo WiFi, fidélité sans fil*

Si le WiFi est utilisé pour le point d'accès pour le réseau Internet, le signal diminue en conséquence la vitesse de navigation stressante. Par conséquent, si votre signal wifi est mauvaise, de nombreux moyens peuvent être utilisés pour renforcer le signal wifi.

3. Est-ce votre carte réseau sans fil prend en charge une antenne externe ou en d'autres termes l'antenne standard peut être retirée et remplacée par une autre antenne, si oui, vous pouvez acheter une antenne omnidirectionnelle et le connecter à la carte réseau. Si vous ne souhaitez pas utiliser cette méthode, vous pouvez utiliser un répéteur sans fil (vous pouvez acheter un nouveau point d'accès et de faire répéteur, il est un peu plus cher).

*Figure 3.19 Différents types d'antennes pour les cartes réseau sans fil*

3. Retirez les objets qui bloquent votre signal wifi.

3. Réduire au minimum le miroir dans la salle qu'il ya le wifi. En raison de l'utilisation de substances verre métallique pour réfléchir la lumière peut refléter signal wifi de sorte que le signal wifi dans interrompu.

4. Si votre carte réseau peut être configuré, configuré pour maximiser la couverture afin de maximiser la portée. Par exemple, en réglant la gestion de l'alimentation de Windows au maximum et la puissance d'émission au maximum.

5. Désactivez la carte réseau sans fil si aucun signal wifi du tout près de chez vous.

6. Boîtier de l'ordinateur peut être prohibitif signal wifi car il tente de placer l'ordinateur afin qu'il ne fait pas obstacle à l'enveloppe entre la carte réseau avec l'antenne du point d'accès / routeur sans fil.

7. Ajouter à haut gain antenne externe avec un plus dBipour améliorer les performances du signal. Le dBi plus élevé d'améliorer le signal horizontal, mais signal vertical diminue. Donc, si vous voulez créer un réseau informatique pour les bâtiments à plusieurs étages, l'utilisation de dBi supérieur n'a aucun effet. Si vous voulez créer un réseau pour les bâtiments à

plusieurs étages, essayez d'utiliser des amplificateurs WiFi ou d'un répéteur WiFi pour stimuler votre signal.

8. Utiliser le récepteur de signal d'antenne à réflecteur proche. Il vaut mieux utiliser la forme comme un réflecteur parabolique, le pot est la meilleure chose que vous rencontrez dans la forme d'une parabole. Ce réflecteur doit être placé derrière le dispositif récepteur, plus la taille de ce réflecteur augmentera le signal recueilli. En Indonésie, communément connu sous le nom wajanbolic.

*Figure 3.20 Une mise en œuvre d'un réflecteur sous la forme d'une poêle à frire Bolic par Onno W Purbo*

9. Si tout le reste échoue, vous pouvez acheter un répéteur wifi. Ce qui fonctionne comme un amplificateur, qui amplifie le signal entre le routeur et votre appareil.

## 3.27 Câblerie réseau

Comment rendre le câble réseau est très facile à apprendre. Peut-être vous dites cette époque déjà sans fil d'aujourd'hui, oui, en effet, mais le câble est toujours nécessaire parce que le réseau de câble présente plusieurs avantages par rapport à sans fil.

câbles réseau de vitesse peuvent être jusqu'à vitesse sans fil 100Mbps alors que seulement la moitié. Tout d'abord, vous devez savoir qu'il existe deux types de câbles réseau, ce qui est un câble droit et un câble croisé.

Quelle est la différence? Droit destiné à relier des ordinateurs à un réseau à l'aide d'un concentrateur / commutateur (topologie en étoile). Bien que

Crossover est utilisé pour connecter deux unités client directement ou connecter l'ordinateur au routeur.

Il y a quelques choses que vous devez fournir à l'avance pour créer leur propre câble réseau:

3. câble UTP: Vous pouvez acheter le CAT5 genre ou CAT6. Ce type de câble standard international UTP utilisé dans le système. Les prix varient. A ce jour, par exemple, une boîte de câble UTP (1000 pi) au prix de 39,95 $ à 65,99 $. Marque diverse, allant de TP-LINK, Belden et ainsi de suite.

*Figure 3.21 Boîte de câble UTP*

3. RJ-45: Connecteur RJ connecteurs se connectent avec des câbles Ethernet ou avec la fente du concentrateur, un commutateur ou un point d'accès. RJ est l'acronyme de Jack enregistré. Le prix varie, environ 9,79 $ à 1 $3.97 plus par boîte. Une boîte contient généralement 100 connecteurs.

*Figure 3.22 RJ 45 types de fiches*

3. Outil de sertissage: Ceci est un outil pour installer le connecteur RJ 45 au câble. En outre, il peut être utilisé pour couper les fils. Il en coûte environ 1 $3.97 à 26,08 $.

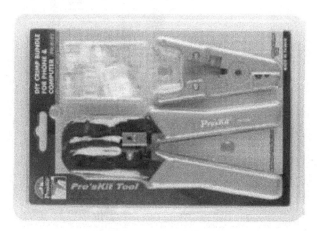

*Figure 3.23 Plug-sertisseur*

4. Cutter ou des ciseaux: utilisé pour la coupe et le lissage câble d'enroulement extérieur, et non pas les petits fils à l'intérieur. Vous pouvez facilement les acheter dans les magasins du matériel ATK (stationnaire), qui est généralement facile à trouver à proximité des écoles.

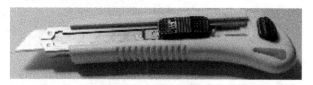

*Figure 3.24 Cutter*

5. testeur de réseau: Utilisé pour vérifier si oui ou non le câble fonctionne correctement? Il en coûte environ 6,75 $ à 14,99 $. En fonction de la marque. Mais ce n'est pas obligatoire puisque vous pouvez directement vérifier les résultats de la fabrication du câble si elle se avère plus tard ne peut pas se connecter après-ping, alors vous pouvez penser câblage mal.

*Figure 3.25 Testeur de câble RJ45 et RJ11*

Après tout l'équipement a été mis en place, le prochain, vous pouvez créer instantanément un câble réseau. Comment quelque chose comme ceci:

3. Coupez le câble UTP le long de vos besoins, le maximum est 100, pas plus de 100 mètres, car plus le fil, le niveau de LOS (perte de signal) est de plus en plus à la hausse.

3. Exfolier la peau le long du câble à chaque extrémité de 1 cm.

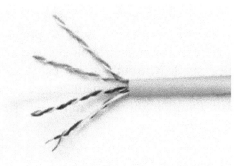

*Figure 3.26 câble UTP avec un petit fil 8 après la fin exfoliée*

3. couleur de tri dépend de l'attribution, pour les deuxièmes extrémités droites sont peintes à blanc Orange - Orange - Blanc Vert - Bleu - Blanc Bleu - Vert - Blanc Brun - Brown. En ce qui concerne le câble croisé, une extrémité est le Blanc Orange - Orange - Blanc Vert - Bleu - Blanc Bleu - Vert - Blanc Brun - Brown tout autrefin et à l'autre bout Vert Blanc - Vert - Blanc Orange - Blanc Marron - Brun - Orange - Bleu - Blanc Bleu.

4. Coupez les petits câbles et moyenne. Dans le cas contraire peut être plat nivelé avec des ciseaux. Prenez le bouchon et remplir toute sa petite extrémités de câble RJ-45 dont la séquence est telle. Assurez-vous que tous les fils à plat sur chaque extrémité qui est dans le port. Juste une des jambes du câble ne pas toucher à la plaque puis le câble ne fonctionnera pas.

*Figure 3.27 Le câble est pressée par la pince de prise*

5. Maintenant, entrez directement le câble et la prise RJ-45 qui a été mis en place sur sertisseuse fiche et presse avec un accent relativement élevé. Maintenez quelques secondes pour que le verrou de pied sur le verrouillage du câble connecteur si bien qu'il ne soit pas lâche. Faites la même chose à l'autre bout, votre câble est prêt à l'emploi. S'il y a un outil de vérification de câble, vous pouvez l'utiliser.

*Figure 3.28 Résultats RJ 45 bouchon à sertir avec câble UTP*

## 3.28   Sécurisation des réseaux sans fil à la maison

Les réseaux sans fil sont plus vulnérables aux menaces que les réseaux câblés / filaire. Parce que le chemin de communication qui est libre, donc tout le monde peut soit interrompre la connexion et même en mesure de ferroutage sur votre connexion sans fil. En conséquence, plusieurs allant du vol de données ferroutage accès gratuit à Internet.

Voici quelques conseils pour sécuriser le réseau sans fil:

3. Effectuez vos modifications dans le routeur / point d'accès que vous utilisez, ouvrez votre navigateur et accéder à l'adresse de l'administration du routeur / point d'accès. Entrez votre mot de passe administrateur jusqu'à ce que vous pouvez vous connecter au réseau sans fil.

3. Activer le chiffrement dans le point d'accès. Essayez d'utiliser le cryptage minimum de 128 bits, car il rendra votre réseau sans fil plus sûr. Dans le cadre, serait en danger.

3. Utiliser le schéma de cryptage WPA. Parce que WEP prouvé en situation d'insécurité. le cryptage WEP facilement franchis utiliser les outils utilitaires disponibles sur Internet gratuitement. Mais la mise en WPA, parfois plus difficile plutôt que WEP. Parce que tous les points d'accès pour soutenir WPA, le moment de l'achat, assurez-vous que votre point d'accès prend en charge le cryptage WPA2. En général, tous les nouveaux AP supporte WPA.

4. Modifier le mot de passe par défaut du point d'accès routeur. Habituellement, l'usine par défaut le nom d'utilisateur est « admin » et le mot de passe "admin»Et il y a aussi un mot de passe vide. Par conséquent, remplacer les mots de passe qui ne sont pas faciles à deviner par un intrus. Le mot de passe est pas facilement révélé. Plus le mot de passe que vous utilisez, mieux.

5. Modifiez le nom du réseau par défaut ou SSID. Parce que le nom par défaut SSID a une plus grande probabilité que l'en-admin réseau i par un débutant, donc le plus probable, son niveau de mot de passe et nom d'utilisateur gauche.

6. Activer les installations de filtrage d'adresses MAC du point d'accès ou routeur. L'adresse MAC est une adresse unique qui est sur chaque carte réseau. Filtrage d'adresses MAC me-registre soit l'adresse MAC de votre carte réseau et ne permettre l'accès par l'adresse MAC de la carte réseau qui a enregistré. Mais encore, ilpourrait être violé par des pirates, car les pirates peuvent cloner une adresse MAC.

*Figure 3.29 par filtrage par défaut mac non activé, mais il pourrait être activé en réglant sur Activé*

7. Désactiver la diffusion SSID fonction. Cela rend votre réseau est caché si imperceptibles être trompé.

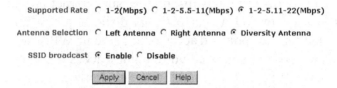

*Figure 3.30 Réglage de la valeur par défaut est toujours activer la diffusion du SSID*

8. Désactiver les installations administrantes routeur sans fil / AP. Ainsi, vous êtes autorisé à faire l'administration du réseau à l'aide d'un réseau câblé. Cela permettra d'éviter les pirates d'accéder à un point d'accès sans fil, il est sans danger pour votre système. Par conséquent, vous devez disposer d'un câble RJ-45 droite qui reliera le PC à l'AP / routeur.

9. Si votre routeur a un pare-feu, il est préférable d'activer. Parce que le routeur empêche les pirates d'accéder à Internet à votre ordinateur. Toutefois, le pare-feu ne touche pas les gens qui sont sur votre réseau local.

10. Pour une meilleure protection, vous pouvez activer le pare-feu logiciel sur chaque ordinateur pour éviter les intrus. Quelques exemples de logicielspare-feu sont une bonne illustration, ZoneAlarm de Zone Labs, et l'avant-poste Free Firewall d'Agnitum.

## 3.29   Comment facile Configuration VPN

VPN est un niveau de variation de réseau informatique est plus avancé qu'un système informatique régulier. Si vous voulez une connexion réseau plus sécurisé, sûr et confortable. Pourquoi ne pas créer un VPN, vous pouvez suivre cette façon simple les paramètres VPN condition qu'il y ait deux ordinateurs connectés à Internet.

Voici une configuration de contour d'un VPN.

3. Tout d'abord, vous devez comprendre que le VPN de configuration dans Windows est un processus en deux étapes, vous devez configurer sur le serveur et sur le client.

3. Maintenant, au serveur d'abord, connaître votre adresse IP, essayez d'ouvrir www.whatismyip.com. Notez l'adresse IP de votre ordinateur est. Le nombre dont vous avez besoin plus tard.

*image 3.31Whatismyip.com indique l'adresse de l'adresse IP du serveur*

3. Exécutez les ncpa.cpl d'application à la recherche de Windows.

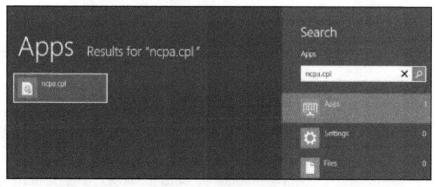

*Figure 3.32 pour les applications Panneau de configuration réseau*

4. Cliquez sur la touche ALT, la barre de menu apparaît. cliquer sur**Fichier> Nouveau Connexions entrantes**,

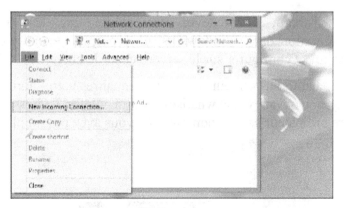

*Figure 3.33 Faire les connexions entrantes*

5. Vous pouvez choisir les comptes d'utilisateurs qui peuvent se connecter à distance. Pour améliorer la sécurité, vous pouvez créer un compte d'utilisateur est limité à un compte VPN à partir du compte d'utilisateur principal. Cliquez sur**Ajouter une personne**,

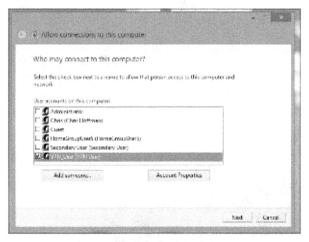

*Figure 3.34 Compte d'utilisateur*

6. choisir **À travers l'Internet**pour permettre une connexion VPN à Internet. Vous pouvez également autoriser les connexions à partir d'un modem commuté si vous disposez d'un matériel d'accès à distance.

*Figure 3.35 Sélectionnez via une connexion Internet*

7. Vous pouvez choisir le protocole de réseau doit être activé pour les connexions entrantes. Par exemple, si vous voulez que les gens qui sont connectés au VPN n'a pas accès aux fichiers qui sont partagés, alors il suffit de décocher l'option Partage de fichiers et d'imprimantes,

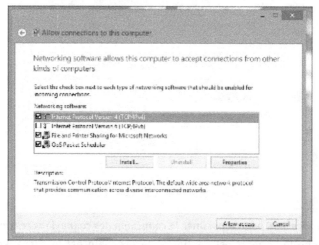

*3.36 fichier image et le partage d'imprimante*

8. Cliquez sur le bouton Autoriser le bouton d'accès et Windows configurer le serveur VPN.

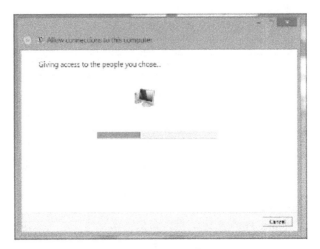

*Figure 3.37 de Windows configurer le serveur VPN*

9. Si vous souhaitez désactiver le serveur VPN à l'avenir, il suffit de supprimer la connexion qui a été fait dans la fenêtre Connexions réseau.

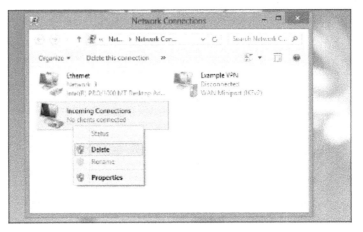

*Figure 3.38 pour supprimer la connexion des connexions réseau*

Une fois que le serveur est configuré, le prochain est le client. Pour vous connecter à un serveur VPN, vous avez besoin d'une adresse IP publique est déjà connu la première fois. Après que l'accès, la connexion à un réseau sous Windows, et entrez l'adresse IP, le nom d'utilisateur et mot de passe pour vous connecter.

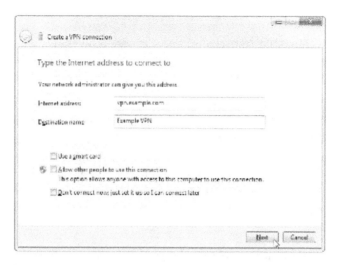

*Figure 3.39 Connexion de se connecter à un réseau privé virtuel*

# 3.30 Comment éviter les erreurs dans le réseau

Comme nos vies, des réseaux informatiques ne l'ont pas loin de problèmes. Pour cela, vous devez être au courant de tout ce qui a besoin de faire attention dans un réseau qui permet l'émergence du problème.

Sélection de la fondation du réseau

Fondation du réseau est lié à la gamme de supports physiques utilisés. Quant à savoir si de mettre en place un système, vous souhaitez utiliser un câble métallique, fibre optique ou des techniques sans fil. Vous pouvez également utiliser une norme qui serait utilisé pour accéder au support physique, comme Ethernet. Cette fondation réseau de chaque élection a un risque différent d'erreur.

supports physiques

Sélection des supports physiques est important, les câbles physiques tels que le cuivre ou fibre optique n'offrent des avantages sous forme de stabilité et de vitesse. Cependant, la pratique du réseau local sans fil rend la méthode plus largement utilisée dans la vie quotidienne.

sans fil Media permet la création d'un réseau avec une couverture plus large, à moindre coût, car il utilise une fréquence radio.

Eh bien, qui est souvent un problème dans un réseau filaire, que ce porte optique de cuivre ou de la fibre. Les erreurs peuvent être causées par des facteurs d'âge et le facteur d'erreur dans la mise en œuvre, où le facteur d'erreur est souvent sous-estimée.

Couche physique

La couche physique est connecteurs et des câbles le plus souvent endommagé. Le connecteur utilisé pour un câble de cuivre est RJ45. Les problèmes couramment rencontrés sur les connecteurs RJ45 sont de petites languettes de verrouillage sont souvent brisés de telle sorte que le bouchon n'est pas prise sûre en place afin que la connexion devient lâche et souvent déconnecté. Alors que si l'accent était mis un bouchon moins serré, la connexion ne se produira pas.

Pour savoir si votre fiche RJ45 est endommagé ou non? Vous pouvez savoir quand vous insérez la fiche RJ45. Soi-disant il y a un cliquetis lorsque vous entrez la fiche dans la prise fournie. S'il n'y a pas de son du clic, et la poignée était lâche, cela signifie qu'il ya quelque chose de mal avec le connecteur RJ45.

Le réseau qui utilise des dispositifs tels que l'infrarouge comporte aussi des risques, ce système infrarouge ne peut pas être vu avec les yeux, mais ne pas être nécessairement un effet négatif pour vous.

Une partie du dispositif infrarouge comprend un avertissement que vous ne pouvez pas voir l'infrarouge directement à l'œil.

Voici quelques erreurs qui se produisent souvent dans les réseaux informatiques.

| Partie | Type d'erreur | action |
|--------|---------------|--------|
| Médias | erreur intertemporelle | Vérifiez les connexions du câble s'il y a des marées de défauts ou les erreurs. |
| sans fil | Perte de connexion sans fil | Vérifier s'il y a une défaillance dans le routeur / AP ou il y a une erreur dans l'antenne / radio. |
| sans fil | Signal faible | Ajout d'un point d'accès supplémentaire<br><br>Se débarrasser des objets qui obstruent le signal<br><br>Les ordinateurs existent dans les zones qui ne sont pas couverts par un signal réseau. |
| Connexion médias | Mourir | Le connecteur est pas connecté, même si aucun dommage n'a été prise visible<br><br>Les dommages dans les dispositifs d'accès tels que les concentrateurs ou des commutateurs. |

## 3.31 Devenir un technicien réseau

Être un technicien de réseau est une compétence qui est nécessaire, surtout à l'époque de l'ère du réseau actuel. Restera en fait beaucoup de gens sont confus quand ils veulent être un technicien réseau. Voici quelques lignes directrices dans un spécialiste du réseau informatique:

1. Tout d'abord, l'architecture de l'étude et la conception du réseau.

2. Deuxièmement, apprendre à travailler la version TCP / IP 4 et la version 6, la version 6 est la version de TCP / IP qui est plus avancé.

3. Reconnu ou non, les infrastructures de réseau d'aujourd'hui il y a la marque de marque utilisé parce qu'il est pas mal si vous suivez un cours pour obtenir la certification dans l'utilisation du nom spécifique, comme CCNA (Cisco Certified Network Associate), vous apprendrez comment créer un réseau LAN et Internet. Piste

4. concepts d'apprentissage spéciaux tels que les sous-réseaux, Access Control List, mise en forme du trafic, et l'équilibrage de charge réseau.

5. Découvrez les différences entre les différentes architectures sans fil, telles que 803.11a, 803.11b, 803.11g et 803.11n.

6. Apprenez à faire vos propres câbles réseau, comme décrit plus haut dans ce livre. Vous devez être en mesure de distinguer droite schéma et le câble croisé.

7. Vous n'avez pas besoin d'acheter tout le matériel pour essayer de créer un réseau, de nombreux routeurs d'interface virtuelle sur Internet peuvent être téléchargés.


## 3.32 Améliorer Signal Router

Le renforcement du signal wifi peut être fait sur le côté serveur (routeur / point d'accès) ou le client dans la carte de réseau local sans fil. Voici comment améliorer le routeur de signal.

1. Éliminer les interférences dans la maison, sur les appareils qui fonctionnent à 3.4GHz. Tels que micro-ondes ou par téléphone non-câble.

*Figure 3.40 micro-ondes est l'interférence qui affecte souvent le routeur de signal*

2. Vérifiez la puissance du signal, hors tension l'équipement d'intervenir pour tester l'influence des interférences ou non?

3. Vous pouvez acheter un analyseur de réseau sans fil pour déterminer la source de l'interférence. Il existe de nombreux analyseurs de réseau sans fil de logiciel.

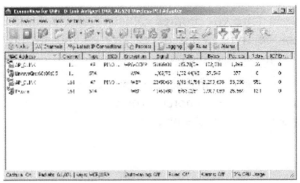

*Figure 3.41 CommView, l'un des logiciels analyseur de réseau sans fil*

4. Changez le canal sur votre routeur. La majorité du routeur peut être réglée entre 1-11 signaux. essayer de modifier le canal qui génère le signal le plus optimal.

5. Une autre technique qui peut être utilisée est de repositionner le routeur.

6. Assurez-vous que le routeur peut atteindre les ordinateurs autant que possible d'être couplé au réseau sans fil.

7. Essayez de vous rapprocher de l'ordinateur du destinataire pour obtenir un meilleur signal.

8. Débarrassez-vous des objets métalliques, y compris les armoires, le verre et d'autres objets.

9. Augmenter la puissance d'émission, certains routeurs peuvent être configurés pour transmettre la puissance.

10. Remplacer l'antenne de votre routeur avec une antenne plus puissante. Mais pas tous les routeurs offrent cette option, certains routeurs ne peuvent être en mesure d'utiliser une antenne intégrée.

11. Installer redoublants, renforcer technique est la même que le signal wifi.

12. Utilisez le rappel dans le routeur.

13. Créer un petit parabolique en feuille d'aluminium ou d'une autre couche métallique.

14. Mettre cela sur le routeur d'antenne parabolique, carton à l'intérieur peut être assez large pour être raide.

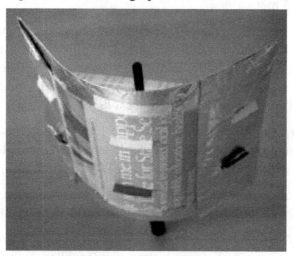

*Figure 3.42 parabolique image maison avec du carton et du papier d'aluminium*

## 3.33 Construire une connexion Wi-Fi à faible coût d'antenne

Pour améliorer le signal Wifi de qualité, la meilleure façon est de créer sa propre antenne wifi indépendamment. Vous pouvez assembler votre carte réseau sans fil sous la forme d'antennes et l'ajouter à la grille d'antenne ou panoramique / marque parabolique il est plus facile de construire ces antennes.

1. Tout d'abord, vous configurez un adaptateur WLAN USB interface ou souvent appelé dongle USB. Il est une carte réseau sans fil doté d'une interface USB. Bien que votre ordinateur existe déjà par défaut de carte réseau sans fil, cela devrait encore être préparé / acheté pour défaut de carte réseau sans fil ne peut pas être retiré et placé sur l'antenne.

2. Pour optimale, sélectionnez le dongle wifi qui peut accueillir 80normes 3.11b et 803.11g.

3. Utilisez un câble d'extension USB qui coûte environ 5 $ Vous pouvez choisir le type A, qui est le genre de mâle à la femelle. Ce sera une extension d'une extension entre le dongle sur le port USB du PC. Vous devrez mettre cette antenne à un endroit ouvert, comme à proximité des fenêtres de la maison. Par conséquent, utiliser une rallonge USB est longue, peut être jusqu'à 5 mètres.

4. Acheter ou ensemble sous forme pennant ou parabolique de la grille. Il est une parabole de métal le plus facile à trouver en Indonésie. Plus la taille, le mieux, mais pas trop grand pour être difficiles à placer. De peur qu'ils ne souhaitent poursuivre le signal, l'antenne ne peut être placé à la place.

5. Radeau avec Wifi Dongle et la pose du câble dans le milieu d'une parabole avec foré ou avec de la colle. Donc, plus tard, ce dongle wifi emplacement central de l'arc parabolique.

6. Branchez ce dongle wifi à un ordinateur avec l'extension USB, et le définir comme un dongle wifi carte wifi en utilisant les paramètres réseau sur votre ordinateur.

7. Passez votre parabole que vous voulez aller à distance vers Antea WIFI. Avec l'antenne parabolique, vous wifi plus

directionnel. Donc, vous devez viser dans la section que vous voulez aller.

8. Une fois que vous êtes connecté, vous pouvez télécharger l'air de votre plat pour ajuster dongle positions tout en regardant un signal d'ordinateur. Vous pouvez utiliser un programme comme NetStumbler pour aider à voir la force de ce signal. Par rapport à la carte Wifi standard, dongle Wifi par ce travail sera un signal plus puissant.

*Figure 3.43 antenne poêle échantillon Bolic*

Donc, pour construire cette antenne, vous aurez besoin est:

1. Wifi dongle USB

2. extension USB (A à A mâle à femelle). Vous pouvez aussi utiliser un câble d'extension USB UTP, où celui-ci sur l'autre extrémité à l'USB connecté à nouveau, en utilisant le schéma suivant:

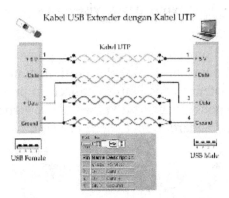

*Figure 3.44 câble d'extension USB Schéma à UTP*

3. Wok ou grille d'antenne.

4. Solatip, boulons-écrous, et percer selon les besoins.

5. En conserve ou tuyaux en plastique pour couvrir dongle wifi pour éviter la pluie, si cette antenne sera placée à l'extérieur de la maison.

6. Des programmes tels que NetStumbler

## 3.34   Conseil Réseau d'achat Switch

réseau de commutation est un des composants fonctionnels peu importants, et souvent nécessaire dans un réseau câblé. Les prix des commutateurs sont variés, allant de 10 $ à des milliers de dollars pour bien connus de marque des commutateurs haut de gamme. Mais pour les besoins standards, il semble que l'interrupteur était pas trop cher.

Voici quelques points à considérer lors de l'achat d'un commutateur de réseau:

1. Trouvez le nombre d'appareils qui seront pris en charge par le réseau. Si, par exemple, il y a 5 ou 6 utilisateur réseau uniquement, puis passer au numéro de port 8 graines suffisant. Indique le nombre de ports du commutateur à acheter est très important car le nombre de ports est un déterminant clé des commutateurs de prix importants, plus le nombre de ports, le

prix est plus élevé. Certains nombre de ports standard sur le commutateur? Qui sont généralement 5, 8, 10, 24 et 48.

*Figure 3.45 Commutateur réseau avec le numéro de port 24 pièces*

*Figure 3.46 réseau de commutation avec des ports 8 pièces*

2. Déterminer l'infrastructure nécessaire du réseau. Pour un petit réseau avec un ordinateur environ 40 graines, il ressemble à un interrupteur suffit. Mais si le nombre de dispositifs qui incorporent de plus en plus, il semble commutateurs supplémentaires nécessaires.

3. Déterminer les besoins des utilisateurs requis dans le réseau. Est-ce que les utilisateurs ont besoin d'un système rapide, ou si elles effectuent souvent des transferts de données? Si oui, passer qui prend en charge Gigabit Ethernet s'adaptera. Comme si le

réseau est utilisé uniquement pour l'accès Internet et réseau, standard 100 commutateur mégabit semble être suffisante.

4. Déterminer la fonction du commutateur. Si vous voulez construire un vaste réseau. Ensuite, il y a un interrupteur principal, l'interrupteur principal doit être en mesure d'accueillir beaucoup de trafic, peut fournir à grande vitesse, etsont appropriés pour ce commutateur est gigabit. Les commutateurs d'accès sont utilisés pour connecter les ordinateurs d'un utilisateur peut avoir plus lentement que les commutateurs de base précédents. Comme si le nombre d'ordinateurs un peu, très probablement un interrupteur standard est suffisant pour accueillir les fonctions du réseau.

5. Sélectionnez les autres fonctions des commutateurs que vous voulez. Plusieurs commutateurs ont des fonctionnalités supplémentaires, par exemple si le commutateur peut être configuré ou non, et comment l'interface pour la configuration, si le commutateur peut accueillir une couche 3 ou non? Ces fonctionnalités supplémentaires sont généralement nécessaires si vous voulez construire un vaste réseau, qui est commun dans les grandes entreprises.

6. Choisissez une marque que vous préférez, vous aurez probablement pas en mesure d'acheter directement auprès du fabricant de commutateurs, mais vous pouvez choisir la marque ou des marques de commutateurs. La célèbre marque de qualité généralement plus garantie (et, par conséquent, il est cher), tels que Cisco, 3Com, Linksys et D-Link. Permutation du nom célèbre, il est généralement une variante d'un produit que beaucoup, de la classe de la maison au niveau de l'entreprise.

7. Pour un petit interrupteur, vous pouvez parfois acheter au supermarché. En ce qui concerne le grand commutateur, ont parfois besoin d'être dans un grand magasin d'informatique. Mais vous pouvez l'acheter sur Internet si votre emplacement ne figure pas dans un représentant du magasin d'informatique.

8. Choisissez un prix raisonnable. Pour certaines personnes, il est le prix est pas trop important, les commutateurs importants peuvent être utilisés pour créer un réseau. En fait, certains

fabricants tels que Linksys (filiale de Cisco) et d'autres marques telles que D-Link produisent également des commutateurs à bas prix sont utilisés pour domicile et petite entreprise. Ce commutateurs simples peuvent être utiles pour les petits réseaux, mais moins en mesure de répondre aux besoins d'une caractéristique des systèmes plus avancés.

9. Le commutateur Cisco est comme a en effet un prix élevé. Mais les commutateurs Cisco peuvent aussi être difficiles à configurer pour les novices.

10. Si vous voulez une solution économique et de bonne qualité, essayez de trouver un interrupteur qui est utilisé la revente. Certaines entreprises qui ont un programme de renouvellement des outils de technologie de l'information rejettent souvent les anciens périphériques réseau, y compris les commutateurs, à remplacer sur un périodiquebase même si l'interrupteur ne soit pas endommagé et peut être utilisé à nouveau.

11. Si vous achetez un commutateur utilisé, assurez-vous que le commutateur est remis à zéro une fois la configuration, après la remise à zéro. En raison de paramètres incorrects de commutation, ce qui rend votre réseau informatique sera une erreur.

## 3.35 Modification du nom d'un réseau sans fil

nom de réseau sans fil ou SSID généralement congénitale AP / routeur si vous n'avez pas changé, et active uniquement seul le point d'accès / routeur. Pour l'efficacité du réseau, vous pouvez modifier le nom de ce réseau sans fil afin que les membres peuvent ensuite être connectés au réseau sans fil.

Sa configuration est assez facile, en changeant les paramètres de l'AP / routeur. Voici comment:

1. Ouvrez votre navigateur, puis accéder à l'adresse IP du point d'accès de votre routeur. Normal, par exemple, 193.168.0.1, 193.168.3.1, 193.168.3.254, ou plus généralement mentionné dans le manuel est acheté conjointement avec un routeur.

*Figure 3.47 Mise en page de base*

2. Surla page de configuration de base, il y a quelques informations dépend de la marque de routeur AP que vous utilisez. Mais le plus probable, il est un résumé des informations importantes telles que le nom du routeur, l'adresse IP du routeur et d'autres informations de base.

3. Vous pouvez ouvrir la section sans fil qui régule normalement les attributs sans fil de l'ordinateur. En partie, cela est généralement posé fonction de réglage SSID sans fil.

4. Modifiez le nom du réseau par défaut vous remplissez la zone de texte Nom du réseau sans fil (SSID).

*Figure 3.48 changement de nom SSID*

5. Enregistrer ces modifications, une fois stockés, l'ordinateur est à portée du routeur point d'accès reconnaîtra le nom du réseau a été saisi, le nom du réseau sans fil ou plus communément connu sous le nom SSID.

6. En donnant un nom différent du nom par défaut du routeur, vous pouvez le faire paraître réseau plus personnalisé et plus facilement reconnu par les membres de votre réseau.

# 3.36   Configuration DHCP sur votre PC

PC devient un réseau client, que ce soit le réseau filaire ou sans fil peut être configuré sa commande DHCP prêtera automatiquement / adresse IP de location par le serveur DHCP. Où est le serveur DHCP peut être sur l'ordinateur ou sous forme de firmware du routeur / point d'accès? Pour configurer DHCP sur le PC sont:

1. Pour ouvrir Connexions réseau.

2. Faites un clic droit sur la carte Ethernet ou une carte réseau sans fil que vous utilisez pour vous connecter au réseau. Sélectionnez le menu Propriétés.

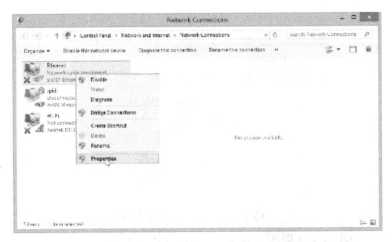

*3.49 Propriétés de l'image du menu pour définir les attributs du réseau local*

3. Dans le Local Area Connection fenêtre Propriétés, cliquez sur Protocole Internet (TCP / IP) et puis cliquez à nouveau sur le bouton Propriétés.

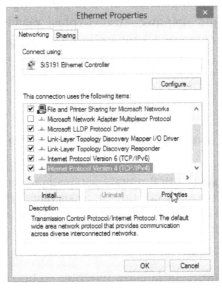

*3.50 Réglages de l'image dans les Propriétés de Local Area Connection*

4. Dans l'onglet Général, vous pouvez choisir d'obtenir une adresse IP automatiquement. Cliquez ensuite sur OK.

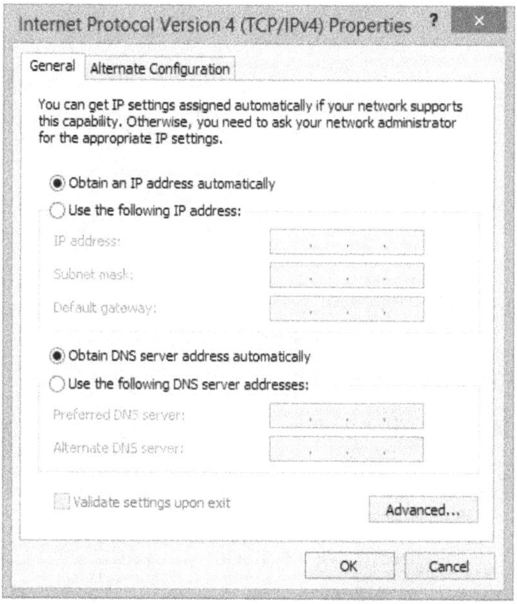

*Figure 3.51 Obtenir une adresse IP automatiquement pour définir l'ordinateur en tant que client DHCP*

# 3.37  Configuration du routeur sans USB

Configuration du routeur en général il y a trois variations. C'est:

une. Via USB (généralement dans les anciens routeurs). Vous devez installer un programme spécial qui est inclus dans le pilote.

b. Via le Web.

Et le second (via le Web) nécessite une connexion réseau. Adresse de l'adresse IP du routeur peut être trouvé dans le manuel. Dans le firmware du routeur point d'accès déjà là, ainsi qu'un serveur Web qui peut être utilisé pour héberger des applications web pour la configuration du routeur.

1. Branchez le câble d'alimentation de votre routeur à la prise de courant PLN.

Colokan listrik

*Figure 3.52 fente pour l'insertion de l'adaptateur à partir du routeur pour alimenter AP*

2. Mettez le routeur.

3. Branchez le câble UTP avec connecteurs RJ45 sur l'ordinateur au point d'accès du routeur. Son type de câble UTP est un câble droit.

4. Ouvrez un navigateur et accéder à l'adresse URL du point d'accès routeur. Si nécessaire, modifier l'adresse IP de votre ordinateur à un sous-réseau avec l'AP.

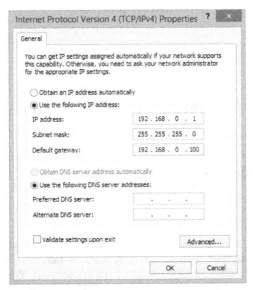

*3.53 image adresses IP de remplacement d'un sous-réseau au routeur AP*

5. Entrez votre nom d'utilisateur et mot de passe. Le nom d'utilisateur par défaut et le mot de passe se trouvent dans le manuel, nom d'utilisateur généralement = « admin » et le mot de passe = « admin » ou vide.

6. Après avoir émergé la page principale de l'administration Web du point d'accès du routeur. Vous pouvez toujours définir les attributs point d'accès au réseau routeur sans utiliser l'USB.

7. Un autre avantage des paramètres AP via le web sont la nature de la plate-forme transversale de la bande de sorte que vous pouvez régler l'AP sous Linux, Windows ou Mac OS.

## 3.38   Configuration d'un routeur Linksys

Il y a beaucoup de marques sur le marché du routeur point d'accès, et une assez bonne, la marque et abordable est le Linksys. Linksys est tout à fait qualifié certifié par Cisco.

Voici un exemple de la façon de configurer le routeur WRT160N de Linksys, une production de point d'accès Linksys.

1. Branchez la prise d'alimentation sur le routeur, puis ouvrez un navigateur et l'accès adresse du routeur comme d'habitude.

2. Linksys ont généralement une page Configuration de base pour effectuer les réglages de base. Vous pouvez décider où le routeur IP sera transmis. Si vous n'êtes pas sûr

3. Dans la configuration de base, vous pouvez spécifier si vous voulez faire ce point d'accès à la configuration automatique (DHCP) ou sur le type de connexion Internet.

4. Sur la configuration du réseau, vous pouvez régler certains aspects du réseau. Comme l'adresse IP du routeur. Vous pouvez modifier ces adresses au besoin. Si vous changez, cela signifie que l'accès à l'adresse IP sera différente.

5. Vous pouvez spécifier le masque de sous-réseau est également sur le masque de sous-réseau.

6. Les paramètres du serveur DHCP sont faites dans cette astuce, une explication supplémentaire de paramètres du serveur DHCP décrits dans le prochain conseil.

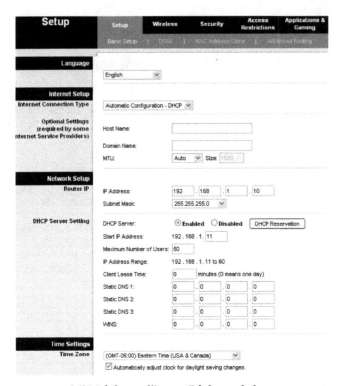

*3.54 Réglages d'image Réglages de base*

7. Dans l'onglet sans fil, vous pouvez définir des attributs sur le réseau sans fil, comme le nom du réseau ou SSID (Service Set Identifier). Ce nom sera visible lors du passage de se connecter au routeur. Ensuite, il y a aussi les paramètres de canal de communication, et ainsi de suite. Pour enregistrer, cliquez sur Enregistrer.

8. Cliquez sur le lien sans fil de sécurité. Ici se rapportent au réseau des aspects de sécurité. Il est recommandé d'activer le cryptage disposent aujourd'hui la plus optimale, ce qui est WPA3. Utilisez un mot de passe qui sera utilisé par les utilisateurs d'ordinateurs qui seront connectés.

9. Vous pouvez ajouter un facteur de sécurité en sélectionnant des restrictions d'accès. Dans les restrictions d'accès, plusieurs options vous permettent de limiter l'accès par jour, par heure et par PC. Vous pouvez également ajouter un ordinateur qui est limitée en cliquant sur Modifier la liste et puis ajoutez l'adresse IP de l'ordinateur

10. Si vous utilisez un routeur pour les applications qui nécessitent la redirection de port, tels que des jeux vidéo ou torrent de téléchargement de logiciel, vous pouvez l'insérer dans une fente existante. Ne pas oublier de sauvegarder chaque fois qu'il change.

*3.55 Réglage de l'image Restrictions d'accès*

11. Définir le mot de passe du routeur sur l'onglet Administration pour modifier certains des attributs de l'administration, comme le mot de passe du routeur, et vous pouvez désactiver l'accès par une configuration sans fil. Il permettra de mieux l'administration du réseau informatique sécurisé que si l'accès sans fil activé.

12. Enfin, cliquez sur l'onglet État pour vérifier la connectivité et de l'état routeur. Ici, vous pouvez définir les informations fournies par le FAI comme adresse de DNS et de nom de domaine.

## 3.39 Configuration du routeur être serveur DHCP

Beaucoup de gens ne veulent pas les tracas d'allouer une adresse IP sur chaque PC appartenant au réseau wifi. Par conséquent, vous pouvez configurer le routeur au serveur DHCP afin que les routeurs directs affecte automatiquement les adresses IP pour chaque ordinateur appartenant au réseau sans fil.

Vous pouvez définir de nombreuses restrictions telles que l'adresse IP au minimum, maximum et le nombre de clients sur le routeur, mais cela dépend aussi des caractéristiques de votre point d'accès au routeur.

DHCP est? DHCP est un protocole de contrôle d'hôte dynamique. DHCP est une architecture client / serveur basé sur le protocole qui est utilisé pour faciliter l'attribution des adresses IP dans le réseau. Un réseau local qui n'utilise DHCP pour attribuer des adresses IP à tous les ordinateurs manuellement. Si DHCP est installé sur le réseau local, tous les ordinateurs connectés au réseau obtenir automatiquement une adresse IP d'un serveur DHCP.

Configuration du routeur pour être un serveur DHCP est comme ceci:

3. Allumez le routeur et accéder à l'adresse Web du routeur, puis connectez-vous, consultez le manuel de l'utilisateur ou la documentation du routeur AP si vous ne connaissez pas l'adresse IP du routeur pour accéder à votre point d'accès.

3. Voir partie d'un routeur qui vous permet de configurer un serveur DHCP. En général, dans le programme d'installation de base. Ou en fonction des paramètres de votre routeur.

*Figure 3.56 Ouverture de la configuration de base du point d'accès au routeur*

3. Voir la section qui se lit comme un serveur DHCP ou DHCP. Si elles désactivent, cliquez sur Activer.

4. Vous pouvez remplir l'adresse IP au début de l'adresse IP de départ.

5. Vous pouvez remplir le nombre maximum de clients dans le nombre maximal d'utilisateurs DHCP.

6. Vous pouvez remplir le temps de l'adresse IP du client bail / prêt dans le temps de location.

7. Si aucun serveur DNS sont utilisés, remplissez DNS statique.

```
DHCP Server:          ○ Enable  ⊙ Disable

Starting IP Address:  90.0.0. 100

Maximum Number of     3
DHCP Users:

Client Lease Time:    0      minutes (0 means one day)

Static DNS 1:         205 . 152 . 37  . 254

Static DNS 2:         205 . 152 . 132 . 235

Static DNS 3:         205 . 152 . 132 . 23

WINS:                 0  . 0  . 0  . 0
```

*3.57 affichage de l'image avant que le serveur DHCP est activé*

8. Une fois le serveur DHCP est activé, vous pouvez enregistrer ces modifications. Le point d'accès / routeur sera serveur DHCP devient automatiquement afin que la gestion de la propriété intellectuelle du client serait plus facile.

```
DHCP Server:          ⊙ Enable  ○ Disable

Starting IP Address:  90.0.0. 100

Maximum Number of     3
DHCP Users:

Client Lease Time:    0      minutes (0 means one day)

Static DNS 1:         205 . 152 . 37  . 254

Static DNS 2:         205 . 152 . 132 . 235

Static DNS 3:         205 . 152 . 132 . 23

WINS:                 0  . 0  . 0  . 0
```

*Figure 3.58 attribut de charge pour l'adresse IP du serveur DHCP*

9. Ne pas activer le serveur DHCP si vous êtes dans un environnement réseau moins sécurisé. Comme cela augmente la probabilité d'autres peuvent se connecter au réseau et votre bande passante.

10.    Assurez-vous d'avoir un accès physique au câble réseau, au cas où il y a une erreur, vous devez réinitialiser le serveur DHCP à l'aide d'un câble.

## 3.40   Configuration de client VPN dans Windows 7

client VPN sur Windows 7 peut être réglée à l'aide d'une interface qui est légèrement différent dans Windows XP qui ont été décrits précédemment. Voici comment configurer un serveur VPN dans Windows 7, où l'ordinateur sera déjà en mesure d'accepter la connexion au serveur VPN entrant.

3. Ouvrez le Panneau de configuration et ouvrez le Centre Réseau et partage.

3. Cliquez sur Configurer une nouvelle connexion ou un réseau.

3. Sélectionnez Connexion à un lieu de travail.

4. Sélectionnez Utiliser ma connexion Internet (VPN).

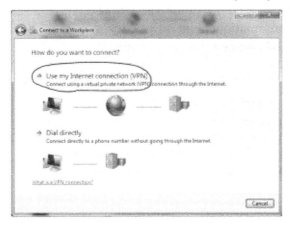

*Figure 3.59 utilisateur Sélection ma connexion Internet (VPN)*

5. Tapez l'adresse IP dans l'adresse Internet ou le nom de l'ordinateur que vous souhaitez vous connecter. Ou le nom de connexion dans la zone Entrez l'adresse Internet pour se connecter.

*Figure 3.60 Achèvement de l'adresse Internet dans la fenêtre Tapez l'adresse Internet pour se connecter*

6. Entrez le nom d'utilisateur et mot de passe utilisé pour se connecter à l'ordinateur hôte.

7. Pour accéder à cette connexion, cliquez-droit sur l'icône réseau dans la barre système, puis cliquez sur Centre Réseau et partage ou peut être via le Panneau de configuration> Centre Réseau et partage, puis cliquez sur Se connecter à un réseau.

8. Ensuite, la fenêtre de connexion VPN apparaît.

## 3.41 Connexion d'un routeur avec l'autre pour l'extension du réseau

L'extension du réseau peut être fait en utilisant des moyens tels que donner des commutateurs supplémentaires, ou peut également connecter le routeur aux autres routeurs. Bien que pas commun, il peut être fait. Pour ce faire, procédez comme suit:

3. Débranchez l'un de plusieurs connexions réseau qui sont connectés à votre routeur.

3. Utilisez un port vide, puis le connecter à votre ancien routeur dans un nouveau routeur. Si votre ancien routeur a un port de liaison montante, vous pouvez utiliser ce port au lieu du port LAN.

3. Connectez les nouveaux ordinateurs qui seront intégrés dans le routeur nouvellement installé.

4. Configurer les paramètres du nouveau routeur pour correspondre avec l'ancien routeur.

5. Utilisez la commande ipconfig sous Windows pour vérifier l'adresse IP de votre ordinateur.

6. Utilisez ces informations pour créer une adresse IP statique sur un ordinateur connecté au réseau.

7. Définir la passerelle par défaut à l'adresse IP de l'ordinateur sur lequel l'ordinateur est connecté.

8. Vérifiez que le réseau est correct, et tous les ordinateurs peuvent accéder à d'autres ordinateurs.

9. Comme mentionné précédemment, vous pouvez utiliser d'autres techniques pour étendre le réseau, comme l'utilisation d'un commutateur. Il est plus facile à utiliser.

10. Utiliser l'interrupteur nombre de ses ports par le nombre d'ordinateurs à intégrer dans le réseau.

## 3.42 Connexion de deux ordinateurs avec USB

Il y a plusieurs façons de connecter l'ordinateur et l'ordinateur. Et comprend une façon tout à fait pratique qui ne nécessite pas une carte Ethernet, carte réseau sans fil, le point d'accès se fait par un câble spécial appelé hôte à hôte USB filaire ou parfois appelé câble réseau USB.

Avec 2 PC en utilisant une connexion par câble, vous pouvez transférer des fichiers d'un PC à un autre PC et effectuer une variété d'autres choses comme un réseau informatique ordinaire.

Voici comment connecter deux ordinateurs avec un hôte à hôte câble USB:

3. La première chose à noter est que Câble USB vers USB nécessaire pour le réseau est un câble USB standard. Cependant, les fils au milieu il y a un composant spécial appelé réseau câblé pont ou d'un câble USB.

3. Ce qui a conduit à ce câble particulier est parce que dans le milieu, il y a un circuit qui permet à la fois PC à l'aide d'un port USB pour communiquer.

3. Donc, bien qu'il y ait un câble avec la même interface, le câble USB de chaque côté, ne peut toujours pas être utilisé pour créer un pont réseau si elle avait pas eu les jetons et pourrait même conduire à un court-circuit. Parce que si branché sur le PC sera un court-circuit.

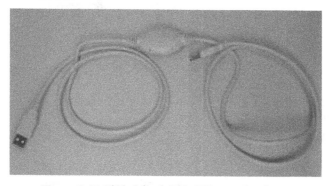

*Figure 3.61 Câble hôte à hôte USB pour le réseau*

4. Ce qui provoque l'USB hôte à hôte est en mesure de communiquer est le milieu, qui contient une puce spéciale.

*Figure 23.2 La partie centrale du câble de hôte à hôte qui dispose d'une puce spéciale*

5. En ce qui concerne la vitesse, une puce de pont USB 3.1 peut atteindre des vitesses de 12 Mbps tandis USB 3.0 peut atteindre 480 Mbps. Parce que la vitesse est plus grande, il est recommandé d'utiliser un câble USB 3.0.

6. S'il vous plaît noter également que la vitesse Ethernet et un câble réseau standard UTP est de 100 Mbps, car, avec USB 3.0, vous pouvez gagner plus de 4 fois la vitesse d'un réseau informatique standard.

7. Voici une image d'un composant de pont qui se trouve dans la partie centrale du câble UTP.

*Figure 3.62 L'hôte à hôte USB fil central*

8. hôte à hôte Câble USB peut fonctionner dans deux modes, à savoir le mode de liaison et le mode réseau. En mode de liaison, la façon dont il fonctionne en installant le logiciel, puis déplacer ou copier des fichiers entre l'ordinateur local à l'ordinateur distant. Donc, si les réseaux de services publics pour transférer des fichiers uniquement, cette façon est plus facile et plus rapide.

9. Le deuxième mode est le mode réseau sur lequel vous pouvez créer un petit réseau entre deux ordinateurs. Après avoir créé ce réseau, vous pouvez partager des dossiers, des imprimantes et un accès Internet. Ce mode est recommandé si vous voulez diviser l'installation comme une imprimante ou veut partager un accès Internet entre les ordinateurs.

10. La première chose à faire est d'installer le pilote que vous obtenez lors de l'achat d'un câble. Cette installation doit être effectuée sur les deux ordinateurs, et faire avant que le câble est branché.

## 3.43   Configuration du point d'accès Linksys WRT54G

routeur Linksys WRT54G est également en mesure d'accueillir les fonctions d'un point d'accès. Linksys a un site officiel à http://www.linksys.com, y compris les fabricants d'appareils WiFi dans le monde les plus préférés, même certifiés par Cisco ainsi. L'un de ses produits WRT54G Wireless-G Broadband Router est un routeur qui peut également être utilisé comme un point d'accès.

*Figure 3.63 Linksys WRT54G Wireless-G Broadband Router*

En tant que routeur a beaucoup plus d'installations, par rapport aux fonctions standard AP, telles que la capacité de routage, pare-feu, DCHP. Vous pouvez remplacer la plupart des fonctionnalités de Linux avec une passerelle Linksys.

Linksys WRT54G peut être configuré via une interface Web avec l'adresse par défaut de 193.168.3.1 (si pas modifié). La première page est la page de configuration. Ce qui peut être configuré dans la page de configuration, nous pouvons configurer le fuseau horaire, configurer la connexion Internet, la configuration LAN et configuration LAN.

3. Qu'est-ce que vous devrait d'abord définir est le canal et ESSID.

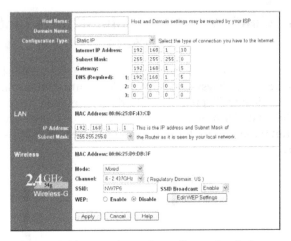

*Figure 3.64 paramètres de configuration de base*

3. Pour sécuriser le point d'accès, nous pouvons désactiver la diffusion ESSID de sorte que seuls ceux qui connaissent le point d'accès, nous pouvons y accéder.

3. Wired Equivalent Privacy (WEP) est également activée sur cette page.

4. La page suivante est la page de sécurité, vous pouvez configurer certains paramètres liés à la sécurité, comme par exemple le mot de passe administrateur, le type de trafic réseau privé virtuel (VPN) a permis, la configuration de la zone démilitarisée (DMZ) est également un pare-feu à petite échelle.

*Figure 3.65 Paramètres de sécurité*

5. La page suivante est utilisée pour mettre à jour le firmware, changer l'unité de transmission maximale (MTU) de l'interface, et activer / désactiver les paquets me multidiffusion peuvent passer.

*Figure 3.66 Paramètres du système pour les mises à jour du firmware*

6. La page suivante est une page de serveur DHCP. Linksys WRT54G Access Point a fourni un serveur DHCP.

7. Donc, si vous souhaitez activer le serveur DHCP, vous devez configurer un attributs de serveur DHCP, tels que la plage d'adresses IP attribuées à un poste de travail qui est connecté, et les serveurs DNS pour les postes de travail sur le réseau.

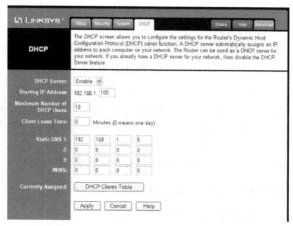

*Figure 3.67 paramètres du serveur DHCP du point d'accès routeur*

8. Sur la page d'état, vous pouvez voir tous l'état de la configuration.

9. Les progrès de la page de configuration sans fil, nous pouvons configurer plusieurs paramètres sans fil avancés, tels que le seuil RTS et Fragmentation Threshold pour fonctionner sur un réseau qui est encombré, l'intervalle de balise pour la diffusion de l'ESSID du point d'accès, ainsi que des données sur la vitesse du réseau local sans fil.

10. Sauvegarder les modifications.

*La figure 3.68 montre les résultats de la mise en état*

## 3.44 Faire la liste de filtres Machine Adresse à domicile routeurs

Pour sécuriser votre réseau, vous pouvez activer la liste des filtres d'adresses MAC est souvent appelée la liste des filtres d'adresse MAC sur votre routeur. Alors que seul ordinateur qui a le droit qui peut accéder à Internet ou d'appartenir à un réseau.

3. Ouvrez un routeur et un accès navigateur / AP vous.

3. Allez dans Paramètres avancés

3. Vous pouvez activer la table de filtrage MAC.

4. MAC Le filtrage peut être utilisé pour restreindre l'accès à ce poste de travail / node nous savons son adresse MAC peut accéder au point d'accès. , Il ne peut pas accéder aussi.

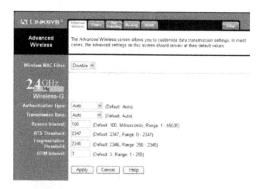

*Figure 3.69 Activation filtre MAC sans fil*

5. table MAC est relativement simple et peut être rempli en entrant l'adresse MAC du client sont autorisés à accéder.

*Figure 3.70 Ajouter un filtrage MAC sans fil*

## 3.45   Savoir d'abord le nom de votre carte réseau Fabricants

Souvent, vous devez connaître le fabricant d'origine de votre fabricant de carte réseau. Par exemple, lorsque vous perdez le conducteur et le besoin de connaître la marque unique carte réseau que vous rechercher le pilote. Le problème est, la plupart des puces sont de marque pas fait directement par le propriétaire de la marque, que dans la sous-traitance uniquement aux OEM.

Si votre carte réseau est intégré sur la carte mère, ou en d'autres termes à bord, il est assez facile parce que le processus de la carte réseau intégré sur la carte mère il y a deux options, la première consiste à utiliser un réseau de puces de contrôleur séparé. Dans ce cas, vous pouvez utiliser un pilote spécialement développé pour cette puce, et vous pouvez rechercher les pilotes sur le site Web du fabricant de puces.

*Figure 3.71 La puce de la carte mère à l'aide d'un contrôleur de réseau séparé*

La deuxième option utilise le chipset qui a déjà des fonctions réseau. Dans ce cas, le chipset nécessite une petite puce externe comme une interface entre la puce et le connecteur réseau est souvent appelée la couche physique du réseau.

Cette petite puce est souvent appelée la couche physique et est généralement plus faible que le contrôleur de réseau de puce. Si la carte mère utilisée de cette façon, vous pouvez rechercher les pilotes sur le chipset carte mère site Web du fabricant et non ce fabricant de puces PHY. Bien qu'il puisse y avoir des exceptions.

*Figure 3.72 Chip PHY pour recevoir réseau*

C'est donc un moyen d'obtenir un pilote pour la carte réseau à bord:

3. Vous pouvez aller sur le site Web du fabricant de la carte mère, puis rechercher le pilote là-bas. Cette option est la meilleure façon, il vous suffit le nom de marque de la carte mère, puis insérez votre modèle de la carte mère, le pilote peut être téléchargé.

3. Vous pouvez lire le manuel de la carte mère pour trouver puce contrôleur de réseau de marque utilisé sur le réseau. Ensuite, vous pouvez ouvrir le site du fabricant de puces pour télécharger un pilote.

3. Si votre carte mère utilise uniquement la puce PHY (généralement au courant dans le manuel), alors vous devez aller sur le site de l'entreprise chipset et télécharger un pilote il.

4. Une autre façon encore si vous ne connaissez pas la marque du chipset que vous utilisez, vous pouvez utiliser des logiciels tels que SiSoft Sandra ou hwinfo de connaître le profil de votre matériel informatique.

## 3.46 Création d'un réseau Administrateur Journal

Un réseau d'administration (la plupart des grandes ones) font souvent des modifications à l'attribut du serveur. Eh bien, il est préférable pratique, chaque fois que vous faites un coup sec dans le serveur, vous devez prendre note de ce que vous changiez à un journal.

Donc, si d'autres personnes remplacer votre emploi ou une erreur de serveur inattendu, vous pouvez voir ce qui a été fait auparavant.

Voici quelques techniques pour créer un journal d'administration réseau:

3. Si vous êtes un administrateur seul, vous pouvez utiliser des documents papier.

3. Vous pouvez également utiliser des notes sur la tablette PC ou PDA. Ensuite, vous pouvez synchroniser des notes de Tablet PC ou PDA à votre PC en utilisant un logiciel ou autre ordinaire.

3. S'il y a plus d'un administrateur qui gère le réseau, vous pouvez utiliser la revue électronique où tout l'administrateur peut accéder et les modifier. Par exemple, pour créer un serveur wiki pour être utilisés ensemble et peuvent être édités aussi bien ensemble. Journals aussi autant que possible dans une sauvegarde.

4. Vous pouvez également utiliser un dossier partagé sur un serveur de fichiers ou le site Web interne du service informatique au bureau. Il pourrait également être le logiciel de collaboration unique.

5. Ce journal ne serait pas une documentation réseau complet spécifications techniques à moins qu'il étaitnécessaire. La chose importante avec ce journal, l'administrateur, peut savoir ou faire le suivi de ce qui a été mis à jour par l'administrateur dans le matériel ou le logiciel réseau.

7. Pour remplir un journal, ne pas oublier d'utiliser le calendrier, afin de savoir quand les mises à jour ou un événement se produit. Vous pouvez également enregistrer quandmatériel ou logiciel est expiré. Alors que vous ou d'autres administrateurs pouvez planifier le moment de mettre à niveau le matériel ou le logiciel serveur, vous pouvez également savoir quand effectuer des mises à jour périodiques.

8. Avec la revue, le processus d'administration du réseau de grande taille fonctionnera en permanence, et il n'y a pas de malentendu. Enfin, les temps d'arrêt du système peut être réduite au minimum.

9. Faites une liste des activités quotidiennes, hebdomadaires, mensuelles et annuelles pour planifier tout ce que vous devez faire chaque période.

10. Vous pouvez également regrouper vos notes par catégories et par serveur ou par type de matériel ou d'un logiciel pour télécharger les modifications de suivi effectuées dans chaque catégorie.

11. S'il y a une machine virtuelle dans l'ordinateur, la piste change également dans chaque machine.

12. Prenant note de la mise à jour et le contrôle des systèmes d'exploitation et applications en elle. Donc, à partir de chaque ordinateur peut savoir ce que le contenu, du système d'exploitation pour les détails du programme.

13. Ne pas oublier d'inclure une base de données d'adresses de contact qui liste les numéros de téléphone et adresses e-mail du vendeur de matériel et de logiciel que vous utilisez.

14. Prenez note de tous les problèmes qui existent et comment résoudre ces problèmes.

15. En outre, notez s'il y a une formation menée par le service informatique.

16. Prenez note des plaintes des utilisateurs du réseau toujours.

17. De nombreux administrateurs qui ne font pas ce journal réseau confusion lorsque des erreurs ou des problèmes surviennent dans le réseau. Donc, ne pas sous-estimer l'importance de ce réseau. C'est comme le journal d'un administrateur réseau. Vous pouvez savoir exactement ce qui a été fait par l'administrateur réseau. Qui connaît les problèmes auxquels sont confrontés est jamais résolu aujourd'hui avant, simplifierait le dépannage.

## 3.47   Sélectionnez WiFi ou par câble?

Wifi est facile à installer et à mettre en œuvre. Le coût est tout à fait pas cher. Et la mise en œuvre est trop rapide. Mais il y a une pénurie de wifi. troubles fréquents à savoir, et quand le désordre, vous devriez être en mesure de vérifier quelles sont les priorités doivent être vérifiées sur un réseau wifi.

3. Vérifier la vitesse de connexion Wi-Fi: réseau sans fil est plus lent qu'un réseau câblé. En effet, certains systèmes sont plus chers avec les dernières technologies qui peuvent être plus rapides. Mais la plupart des normes de réseau actuelles restent en dessous de la vitesse maximale d'un réseau câblé.

3. Un réseau câblé est une solution optimale pour les réseaux domestiques qui exigent vitesse. Mais le problème reste la pratique des réseaux sans fil.

3. Vérifiez la distance entre les composants matériels et l'ordinateur. réseau sans fil standard 803.11b et 803.11g a une plage de longueur maximale de 200 à 300 pieds dans un état normal.

4. La vitesse et la fiabilité de la connexion sont de plus en plus difficile si la distance entre les augmentations de l'émetteur et du récepteur. Tout comme la radio FM dans la voiture, plus la distance de l'émetteur avec la voiture, la qualité sonore diminuera. Par ailleurs, il peut être interrompu par une obstruction physique.

5. Pour le wifi, il faut éliminer les obstacles qui peuvent détruire la qualité de votre connexion Wi-Fi. Tels que des portes métalliques, tous en métal, mur, briques, et ainsi de suite. Le gypse et panneaux de ciment facilement pénétrés mince signal Wi-fi.

6. Pour wifi, la sécurité est un facteur important car la connexion Wi-Fi est plus fragile que tout réseau câblé. Si la sécurité des données est le numéro un, vous devez utiliser un fil. réseau Wifi est non sécurisé très facilement pénétré. Enfin, le système peut être exploité, et les périphériques connectés au réseau peut être utilisé à mauvais escient.

7. Vous devez être conscient que la sécurité sans fil la plus avancée peut être craqués. Il est plus facile de pénétrer dans un réseau sans fil d'un réseau câblé, en raison de la rupture des câbles doivent avoir un accès physique, alors que sans fil n'a pas besoin d'avoir un accès physique.

8. Vous devez mettre en place une taxe supplémentaire après la première mise en œuvre parce que généralement il y a un supplément pour l'achat de la antenne, amplificateur, booster, le câble et ainsi de suite. Il en est ainsi que le réseau se développe.

## 3.48   Distinguer entre NAS et SAN

Dans le monde, il existe un réseau à long terme NAS et SAN? Quelle est la différence?

3. NAS signifie Network Attached Storage alors que le SAN est un réseau de stockage.

3. les dispositifs de stockage connecté au réseau directement connectés au réseau et entre le serveur d'applications et le système de fichiers.

3. D'autre part, SAN est pas un outil, mais un réseau qui combine le système de stockage.

4. NAS peut être un PC connecté au PC et peut utiliser NFS, CIFS ou HTTP pour se connecter au NAS et partager vos fichiers.

5. Seuls les serveurs de fibre de canal SCSI qui peuvent être attachés au SAN. SAN Fibre Channel a une limite maximale de 10 km.

*Figure 3.73 A NAS (Network Attached Storage)*

## 3.49   Affiche Remplissez votre cache DNS

DNS (serveur de noms de domaine) peut être stocké cache-les sur l'ordinateur. Comment afficher le contenu de votre cache DNS est la suivante:

3.  Cliquez sur le Windows + R

3.  Tapez « cmd » sans les guillemets et cliquez sur Entrée.

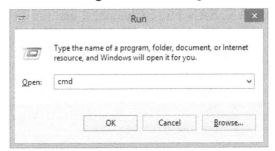

*Figure 3.74 Type de commande cmd dans la fenêtre Exécuter*

---

3. À l'invite de commande, tapez la commande « ipconfig / displaydns"Sans la citation Comme le montre la figure ci-dessous.:

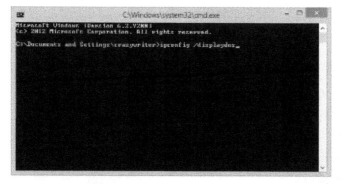

*Figure 3.75 Charge commande ipconfig pour afficher le cache DNS*

4. Ensuite, une liste de cache DNS existant sur votre ordinateur. Vous pouvez trouver des sites Web qui ont été ouverts et traités par le DNS.

*Figure 3.76 Le contenu du cache DNS de l'ordinateur*

## 3.50   Effectues du

Tous les ordinateurs ou les appareils connectés à Internet a une adresse IP. Et chaque adresse IP est divisée en deux ports. Quand il y a deux dispositifs pour échanger des données. Ils transmettent des informations d'un IP à un autre IP à l'aide du port.

Un port ne peut pas être utilisé par plusieurs programmes en même temps. Quand il y a des données à distance (tels que le serveur FTP, torrent, serveurs de jeu, etc.) est accessible, tous les transferts passent par votre fournisseur d'accès Internet, de sorte que vous ne connectez pas directement à un autre ordinateur dont les données dont vous avez besoin.

À cause de quoi? Puisque vous êtes derrière le fournisseur d'accès Internet. Et votre adresse IP est généralement pas IP publique. Par conséquent, vous devez envoyer l'adresse IP et le port que vous êtes ouvert à transférer des données vers des machines distantes. Cette technique est appelée méthode NAT, qui signifie Translating Network Address, voici comment faire la redirection de port.

3. Ouvrez votre navigateur, puis accédez à l'adresse du routeur.

3. Remplissez le nom d'utilisateur et mot de passe pour vous connecter.

3. option de recherche dans le routeur l'option redirection de port.

4. Le menu de redirection de port cela varie en fonction de la marque de votre routeur. Par exemple, le transfert, la gestion des ports, ou UPnP, dans certains modèles.

*Figure 3.77 Applications & Gaming Tab*

5. Ou dans certains routeurs en utilisant les applications et jeux.

6. Accédez au port que vous voulez.

7. Si le routeur vous demande si vous voulez ouvrir les ports pour TCP ou UDP, vous pouvez choisir les deux.

8. Apparaît comme cette page

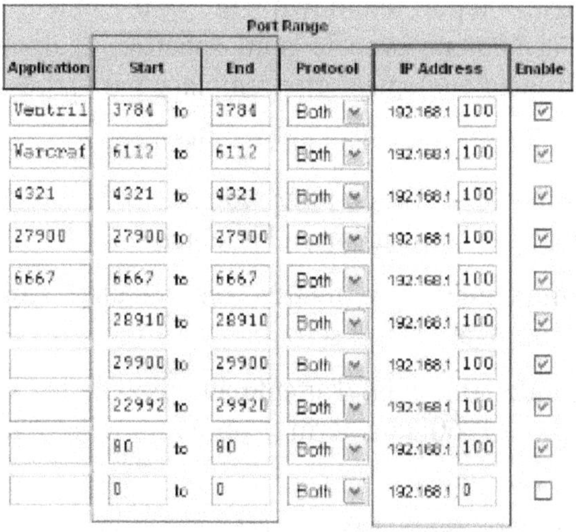

| | Port Range | | | | | |
|---|---|---|---|---|---|---|
| Application | Start | End | Protocol | IP Address | | Enable |
| Ventril | 3784 to | 3784 | Both | 192.168.1 | 100 | ☑ |
| Warcraf | 6112 to | 6112 | Both | 192.168.1 | 100 | ☑ |
| 4321 | 4321 to | 4321 | Both | 192.168.1 | 100 | ☑ |
| 27900 | 27900 to | 27900 | Both | 192.168.1 | 100 | ☑ |
| 6667 | 6667 to | 6667 | Both | 192.168.1 | 100 | ☑ |
| | 28910 to | 28910 | Both | 192.168.1 | 100 | ☑ |
| | 29900 to | 29900 | Both | 192.168.1 | 100 | ☑ |
| | 22992 to | 29920 | Both | 192.168.1 | 100 | ☑ |
| | 80 to | 80 | Both | 192.168.1 | 100 | ☑ |
| | 0 to | 0 | Both | 192.168.1 | 0 | ☐ |

*Figure 3.78 Configuration de la redirection de port*

9. Certains routeurs vous permettent de remplir les ports à transmettre, par exemple à partir du port .... au port ... Si vous voulez un seul port, vous pouvez comprendre le même dans les deux endroits.

10.    Ensuite, entrez l'adresse IP de l'ordinateur que vous souhaitez envoyer les données.

11.    Pour trouver l'adresse IP, tapez ipconfig.

12.    Certains routeurs nécessitent un redémarrage. Une fois que vous enregistrez les modifications, essayez de réinitialiser votre routeur.

## 3.51   Faire l'arrêt à distance PC via LAN

Si vous avez des fenêtres, et que vous voulez redémarrer l'autre ordinateur sur lequel vous avez un compte administrateur sur elle, vous pouvez utiliser la fonction d'arrêt à distance.

Voici comment effectuer l'arrêt à distance votre PC via le réseau local.

3. Ouvrez une invite de commande. Cliquez sur le Windows + R

3. Tapez la commande cmd et cliquez sur Entrée.

3. Vous pouvez taper shutdown -m \\ ordinateur nom, Pour éteindre l'ordinateur avec le nom spécifié, également nom de l'ordinateur peut également être remplacé par l'adresse IP.

4. Il y a plusieurs attributs d'un arrêt à distance.

5. Par exemple -r commande pour redémarrer la force, qui ne peut être perturbé par l'utilisateur ou l'interaction.

6. -c « commentaires » mettra en vedette l'apparition de commentaires avant l'arrêt se fait.

7. -t xx demandera un délai d'attente au cours de la "xx"Secondes. Par exemple, -T 60 sera fermée après un délai d'attente de 60 secondes.

8. -a pour annuler / annuler l'arrêt.

*Figure 3.79 Exemple d'exécution d'arrêt à distance*

9. L'autre méthode consiste à taper fermer commande -i dans la fenêtre Exécuter.

*Figure 3.80 -I commande d'arrêt dans la fenêtre Run*

10.  Jendeal boîte de dialogue d'arrêt à distance apparaît.

11.  Cliquez sur le bouton Ajouter

*Figure 3,81 dialogue d'arrêt à distance*

12.     Tapez le nom de l'ordinateur que vous souhaitez désactiver ou l'adresse IP. Vous pouvez choisir l'action que vous devriez faire.

*Figure 3.82 Ajout d'un ordinateur*

13.     Dans ce mode, vous devez remplir le commentaire. Cliquez ensuite sur OK.

14.     L'ordinateur éteint, et votre ordinateur doit être sur un domaine ou un groupe de travail.

15.     L'ordinateur client et l'ordinateur utilisé pour transformer cela devrait être le système d'exploitation Windows

16.     Vous faire que si vous avez l'autorité, souvent l'administrateur réseau pour désactiver cette fonction.

## 3.52    Facile réseau Partage de fichiers

Le partage de fichiers sur le réseau est facile, mais si vous utilisez un système d'exploitation différent, plus facile à utiliser un logiciel de partage particulier.

Le partage est la pratique de la distribution ou l'accès à l'information stockée sous forme numérique, tels que les programmes informatiques, multimédias (audio, vidéo), des documents ou des livres.

L'utilisation du logiciel de partage de fichiers sur le réseau vous permet de faire le partage de fichiers. Même si le programme est le partage de fichiers multi-plateforme, ce programme peut être utilisé pour faciliter le transfert de fichiers entre les systèmes d'exploitation.

3. Télécharger le premier programme de lanshark http://lanshark.29a.ch/,

3. Exécution de fichier 2x qui a été téléchargé.

3. Quand il est apparu Bienvenue dans l'assistant d'installation Lanshark, cliquez sur Suivant.

*Figure 3,83 installation de fenêtre de l'assistant Configuration initiale LANShark*

4. Dans la licence Accord, Cliquez sur Je suis d'accord. licence LANShark est open source, et vous pouvez l'utiliser sur plusieurs systèmes d'exploitation pour fonctionner sur une plate-forme pour la GTK (toolkit Gnome).

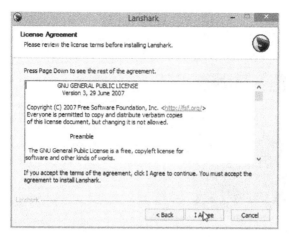

*Figure 3,84 Contrat de licence Lanshark*

5. Sélectionnez l'emplacement de l'installation dans la zone Choisissez l'emplacement d'installation. Si vous ne voulez pas changer, cliquez sur Installer.

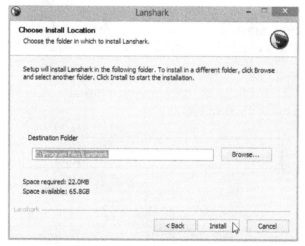

*Figure 3,85 Choisissez l'emplacement d'installation*

6. Fin de l'LANshark dernière dans l'assistant de configuration, cliquez sur Terminer.

---

*Figure 3.86 Installation finale Lanshark*

7. Cette installation de lanshark doit être effectuée sur le client et le serveur, afin que les ordinateurs seront installés tout partage de fichiers.

8. Une fois l'installation terminée, vous devez configurer LANshark. Lors de la première course, LANshark déconfigurée.

9. Remplissez le chemin qui sera partagé dans le chemin de l'action, et spécifier le chemin du temps de démarrage qui a ouvert dans le chemin entrant.

*Figure 3.87 Configuration Lanshark*

10. Les ordinateurs qui sont activés sur leur PC LANSHark regarder les pairs. A droite se trouve les fichiers du dossier qui est actuellement ouvert.

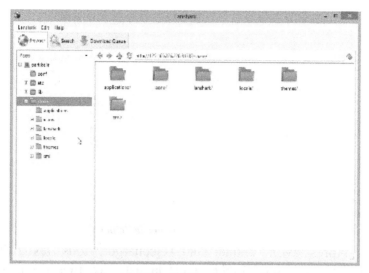

*Figure 3,89 Page d'accueil Lanshark*

11.    Vous pouvez choisir le fichier à télécharger, que ce soit sur l'ordinateur client ou serveur. cliquez sur Télécharger pour ensuite.

*Figure 3.90 Télécharger pour*

12.    Sélectionnez le dossier ou le fichier à utiliser pour stocker le fichier téléchargé quand il semble Télécharger fenêtre.

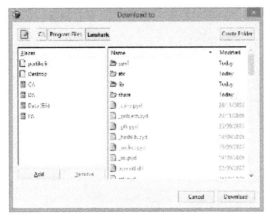

13. Après avoir cliqué sur Télécharger, tous les fichiers téléchargés seront affichés dans la liste des files d'attente de téléchargement.

14 Une caractéristique supplémentaire est Lanshark vous pouvez utiliser une interface Web pour télécharger. Comment ouvrir l'interface Web.

15. Vous pouvez spécifier l'adresse IP et l'adresse du port utilisé pour ouvrir une page qui contient un fichier qui est partagé, à la fois sur l'ordinateur local ou un ordinateur distant.

16. Pour télécharger un de ces fichiers, vous pouvez cliquer sur le fichier. Le fichier sera téléchargé immédiatement.

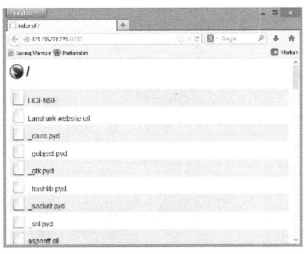

*Figure 3.92 Web Voir l'interface de LANSHARK*

## 3.53   Cours de trouver pour apprendre l'ordinateur en réseau

Apprendre l'ordinateur peut être fait à bien des égards, il y a par des livres de lecture indépendamment, ou par un cours. A travers le cours peut être optimisé si vous connaissez la technique. Voici un guide à la recherche d'un cours pour apprendre le réseau informatique:

3. Déterminer le type de réseau que vous voulez apprendre. Bien que le principe est le même réseau, il y a l'architecture, le matériel et les logiciels sont différents pour chaque type de réseau.

3. Sélectionnez la formation de réseau en fonction de l'équipement que vous voulez utiliser.

3. Déterminer le but du cours, si vous voulez comprendre le réseau que vous travaillez actuellement, créez un nouveau réseau, un réseau d'experts, la maintenance du réseau et ainsi de suite. Indiquez si la certification des facteurs importants, par exemple, pour chercher du travail.

4. Déterminer la méthode la plus pratique de l'apprentissage. Une personne est des techniques plus plaisais apprises dans la théorie en classe, tandis que d'autres veulent diriger la pratique.

5. Indiquez les institutions qui détiennent le cours. Si vous êtes discipliné et motivé, il semble que tous les cours d'écoles professionnelles à choisir. Mais sinon, vous pouvez utiliser l'institution a connu éduquer les praticiens dans le domaine des réseaux.

6. Vous pouvez choisir si vous voulez un cours à l'institution ou de formation interne.

7. Vérifiez si des bourses fournies.

8. Lorsque tous les facteurs ont été étudiés, vous ne pouvez vous inscrire et profiter de votre cours.

## 3.54   Trouvez l'adresse IP de votre routeur

Voici une technique pour déterminer l'adresse IP de votre routeur.

3. Cliquez sur le Windows + R

3. Tapez cmd.

3. Cliquez sur OK, puis cliquez sur Entrée.

4. fenêtre MS DOS apparaît.

5. Tapez « netstat » sans caisses seconde.

6. Cliquez sur Entrée.

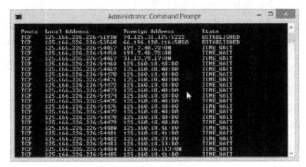

*Figure 3.93 Commande netstat*

7. Vous verrez une liste de toutes les connexions actives et les numéros IP.

8. Il y a quatre colonnes.

9. Adresse IP locale affiche votre numéro, alors que l'adresse IP étrangère indique le nombre de sites ou de personnes connectés avec vous.

10.   Vous pouvez trouver le programme qui est utilisé pour se connecter à l'adresse IP en tapant "**-nab netstat**».

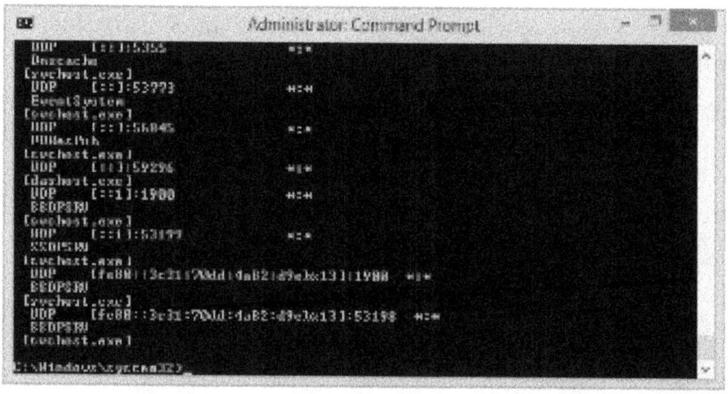

*Figure 3.94 La commande -nab netstat*

11.    Ou il pourrait également exécuter la commande ipconfig, il affiche le masqué et IP.

12.    Ou l'autre est d'utiliser plusieurs sites Web pour vérifier votre adresse IP, tels que http://whatismyip.com/.

## 3.55   Recherche de l'adresse MAC de l'ordinateur

Vous voulez connaître l'adresse de l'adresse MAC pour Windows? Il existe plusieurs techniques que vous pouvez trouver.

3. Cliquez sur le Windows + R sur Windows 8.

3. Tapez cmd et Entrée.

3. Apparait invite de commande, tapez « ipconfig / all » sans les deux points.

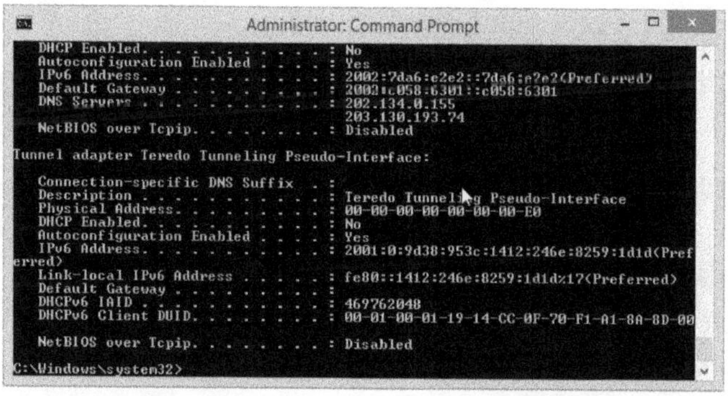

*Figure 3.95 Remplir la commande ipconfig / all pour découvrir certaines configurations IP, y compris l'adresse mac*

En outre grâce à l'invite de commande, il y a une autre façon, à savoir comme suit:

3. Pour ouvrir Connexions réseau.

3. Sélectionnez la connexion au réseau local qui utilise la carte Ethernet, puis faites un clic droit et choisissez le menu Etat.

3. Dans l'onglet Support, cliquez sur Détails.

4. Adresse MAC est l'adresse physique dans la Détails de connexion réseau.

5. En fait, il existe des logiciels qui peuvent changer l'adresse MAC pendant un certain temps. A la condition que si le matériel le permet. Ceci est connu comme l'usurpation d'adresse MAC, et en fait, ce n'est pas recommandée, sauf si cela est nécessaire. Parce que le changement seraitconfondre l'adresse MAC du routeur est utilisé si vous voulez tromper le routeur que vous utilisez un autre ordinateur.

## 3.56   Résoudre les problèmes informatiques courants réseau

Est-ce que vous rencontrez un problème avec un réseau informatique? Voici quelques problèmes communs qui se posent souvent dans le monde des réseaux.

3. Impossible de vider le cache DNS.

3. Ne peut pas renouveler l'adresse IP.

3. Une opération effectuée sur quelque chose qui n'existe pas dans la prise.

4. Impossible de vider le cache ARP.

Voici quelques techniques pour essayer de traiter les questions d'erreur Masalha dans le réseau vers Windows 7 ou 8.

3. Assurez-vous que votre ordinateur est allumé et connecté au réseau.

3. Windows a en fait une fonction intégrée pour réparer la connexion réseau. Cette fonctionnalité peut fournir des informations précieuses sous la forme d'un message d'erreur. Alors regardez ce qu'est exactement l'erreur s'il y a un message d'erreur.

3. S'il y a une boîte de message comme Impossible d'effacer le cache DNS, ce qui signifie que le service client DNS déjà éteint. Par conséquent, vous devez le réactiver.

4. Vous faites cela en ouvrant le plug-in MMC Services qui est dans le Panneau de configuration> Outils d'administration.

5. Recherche DNS service client nommé dans la liste, puis cliquez 2x sur ce service.

6. Modifier le type de démarrage de Désactivé Manuel ou automatique, puis cliquez sur Appliquer.

7. Vous pouvez redémarrer ou cliquez sur Démarrer pour démarrer ce service.

8. S'il vous plaît vérifier qu'aucune erreur ne se sont produits.

9. Si on se préoccupe de l'adresse IP tels que Impossible d'obtenir une adresse IP, vous pouvez probablement trouver plus d'informations en utilisant la commande « ipconfig / renew » pour connaître l'adresse IP de la ligne de commande.

10.    le Erreurde l'opération sur quelque chose qui est pas un socket signifie qu'il ya un fichier corrompu dans Winsock qui est généralement causée par des logiciels espions. La façon de résoudre ce problème est d'ouvrir la ligne de commande, puis en tapant netsh winsock.

11.    Après cela, redémarrez votre ordinateur.

12.    Vous devez être prudent lors de la modification du Registre, car la modification que l'on pourrait faire une erreur informatique.

## 3.57   Astuce Neuf Partage de fichiers

On utilise le réseau fondamental effectue le partage de fichiers. Voici 9 conseils liés à faire le partage de fichiers sur votre ordinateur:

3. Accès Partager Manuel: L'accès aux fichiers qui sont partagés sur l'autre ordinateur peut se faire de différentes façons. Le premier est le mode manuel. Vous faites cela en ouvrant l'Explorateur Windows, puis en tapant l'adresse \\nom_ordinateur \ foldername, Le nom de l'ordinateur peut être modifié avec l'adresse IP ainsi. Supposons que vous voulez accéder à l'ordinateur avec John et mes documents du dossier que vous pouvez ensuite utiliser l'adresseJohn\\Mes documents\ Ce chemin est souvent appelé un chemin UNC comme décrit précédemment.

3. Utilisez l'outil de diagnostic s'il y a des choses qui doivent être vérifiées.

3. Vérification des paramètres de partage dans Windows: paramètres de partage et de découverte et réseau fonction de localisation dans Windows pourrait nuire à l'utilisateur de faire le partage. Ceci est en fait bon, car il rend les ordinateurs plus sûr. Mais si l'un des paramètres, alors vous pourriez être empêché de partager. Pour cela, vous pouvez vérifier, par l'icône cliquez sur Centre Réseau et partage, puis cliquez sur Centre Réseau et partage. Ensuite, vérifier l'emplacement du réseau. Si le public, cliquez sur Personnaliser pour modifier l'emplacement.

4. Vérifiez l'état et les paramètres du pare-feu: Pour vérifier que le pare-feu bloque le partage dans Windows, vous pouvez ouvrir le Panneau de configuration puis cliquez sur Pare-feu Windows. Sous Windows, vous devez vous assurer que laNe laissez pas les exceptionsn'est pas cochée. Ensuite, dans l'onglet Exceptions, vous devez cocher l'option Partage de fichiers et d'imprimantes. Vous devez également double-cliquer sur les options et assurez-vous que tous les sous-option est cochée. Vous pouvez cliquer sur le lien Modifier les paramètres pour ouvrir les paramètres du pare-feu de Windows. Ensuite, assurez-vous que le bloc toutes les options de connexion entrante est pas

---

cochée. Ensuite, dans l'onglet Exceptions, assurez-vous que le partage de fichiers et d'imprimantes ne sont pas marqués.

5. Protocole de vérification dans Activer le partage: Pour permettre le partage, le protocole de partage de fichiers et d'imprimante qui est souvent appelé à activer le système de fichiers CIFS (Common Internet) ou précédemment appelé Server Message Block (SMB). Comment l'activer est d'ouvrir le Centre Réseau et partage. Ensuite, faites un clic droit sur la connexion en question, puis choisissez Propriétés. Assurez-vous que client pour les réseaux Microsoft et Partage de fichiers et d'imprimantes pour les réseaux Microsoft sont vérifiées.

6. Connexion réseau Redémarrage: Souvent, le redémarrage ou désactiver puis réactiver à nouveau le réseau peut rendre le processus de partage qui ne parviennent pas à être en mesure de marcher normalement. Étant donné que les paramètres de la carte réseau peut être une erreur, que ce soit en raison de son matériel ou en raison de son Windows et redémarrer peut souvent restaurer les paramètres. Pour rafraîchir la connexion, ouvrez Connexions réseau, puis cliquez sur une connexion à redémarrer, puis cliquez sur Désactiver. Attendez encore un certain temps, faites un clic droit et cliquez sur Activer.

7. Redémarrez l'ordinateur: Comme auparavant, certaines erreurs de réseau doivent parfois être résolu en redémarrant l'ordinateur. Redémarrez l'ordinateur comme d'habitude.

8. Restart Router: Un routeur peut également se bloquer, ou mal configuré, peut pour que le redémarrage du routeur pourrait être une solution pour améliorer erreur réseau a entraîné son routeur. Comment passer à travers l'administration web, il y a généralement un bouton pour redémarrer le routeur, ou en coupant en cliquant sur le bouton d'alimentation, puis allumez-leencore. Si aucun de ses boutons d'alimentation, peut débrancher puis rebranchez.

9. Vérification des autorisations de partage: Permission Le partage aura une incidence sur le type d'accès accordé à l'utilisateur. Pour vérifier les autorisations de partage, vous pouvez cliquer droit sur le dossier que vous partagez, puis (sur l'ordinateur hôte), puis choisissez Propriétés. Dans la boîte de dialogue qui

apparaît, cliquez sur l'onglet Partage. Si Windows est configuré pour utiliser le partage de fichiers simple, alors vous aurez qu'une seule option. Si vous utilisez la méthode avancée, vous pouvez cliquer sur le bouton Autorisations. Apparaîtra une liste d'utilisateurs qui peuvent être accès autorisés.

7. Vérifier les autorisations NTFS: Ordinateur avec système d'exploitation Windows 2000 ou supérieur en utilisant le système de fichiers NTFS. Par conséquent, les autorisations de fichiers de type NFS sont également applicables lorsque l'accès aux dossiers et fichiers, même si elle est partagée sur un réseau. Parce que le paramètre des autorisations NTFS peut affecter l'accès au réseau. Pour vérifier la configuration des autorisations NTFS, faites un clic droit sur le dossier ou un fichier partagé, puis cliquez sur Propriétés. Cliquez sur l'onglet Sécurité pour le vérifier.

8. contrôle d'isolement par le routeur: Si un client ne peut pas accéder au fichier ou un dossier à partir d'un autre ordinateur, il pourrait être causé par un bloc du routeur. Parce que le routeur vérifie si le client est exposé à la victime par le filtrage d'adresse MAC ou l'adresse IP afin que le client ne peut pas se connecter au routeur.

9. Remettre en place le pilote et mettre le routeur à sa valeur par défaut: Si tout a été essayé et erreur aussi bien. Rien de mal à vous réinstaller tous les pilotes, réinitialiser TCP / IP et régler le routeur aux paramètres par défaut. Habituellement, le routeur a un bouton pour rétablir les paramètres par défaut.

## 3.58 Vous recherchez WiFi gratuit dans votre ville

Dans les grandes villes ou dans les stalles du centre commercial et de la nourriture, est maintenant répandue il y a un accès wifi gratuit qui peut être utilisé pour le rendre plus facile à utiliser l'accès Internet. Bien qu'il puisse être utilisé gratuitement, en général la distance est pas trop long.

Voici quelques conseils pour trouver un accès wifi gratuit dans votre ville:

3. Consultez le site Web de votre ville s'il y a une liste de wifi gratuit fourni par le gouvernement local. Bien que tous les gouvernements locaux à mettre à jour le site, qui sait qu'il ya des écrans.

3. programmes de recherche Télécharger wifi, comme NetStumbler.com.

3. Pour augmenter la portée à la recherche d'un accès wifi gratuit, utilisez l'antenne pour votre carte réseau sans fil, ajoutez un rappel si nécessaire, de sorte que le Wi-Fi gratuit qui peut être consulté à distance.

4. Lorsque vous utilisez le programme de recherche wifi, comme NetStumbler, vous pouvez analyser votre environnement avec une antenne (l'antenne partout) et vérifier s'il y a un signal wifi là. Pour ce faire, en haut de la tuile où aucune zone est couverte ici.

5. Une fois que vous trouverez wifi, connecter et configurer l'antenne dans une position qui produit le meilleur signal.

6. Ne pas utiliser le wifi sans wifi illégalement, assurez-vous que le fournisseur fournit un accès wifi gratuit.

## 3.59   Augmentation portée Wifi

Il y a plusieurs façons d'augmenter la gamme de Wifi rapidement. Et cela est étroitement lié à la présence d'une antenne supplémentaire avec des variations différentes. Voici quelques techniques d'améliorer votre gamme de wifi:

3. Si possible, mettez à niveau votre routeur et votre carte réseau sans fil au 80standard 3.11n. Parce que la plage autorisée de configuration et un débit plus élevé que la norme b. Et 10x plus grand qu'un ou standard g. Cette norme est également compatible avec les normes précédentes.

3. Déplacez le routeur vers le haut, et de garder autant que possible des murs et des objets en métal. Parce que le métal, le mur et le

---

plancher peuvent affecter le routeur de signal. Le plus grand et bon nombre de ces obstacles, ce qui crée des interférences pire.

3. Placez le routeur dans un emplacement central dans votre bureau. Si le routeur ou point d'accès sans fil est à la fin de la pièce, puis laordinateur est sur le bout de son adversaire obtiendra un signal qui est inférieur à celui des autres réseaux.

4. Mise à niveau du routeur d'une antenne, vous pouvez utiliser beaucoup de techniques qui incluent l'utilisation de l'antenne en conserve et maillage qui sera décrit plus en détail ci-dessous. Si vous voulez une mobilité portable, vous pouvez utiliser une antenne qui peut augmenter le signal d'entraînement à 360 degrés. Comme si elle voulait une direction / direction, ni pourquoi.

5. Mise à niveau de l'antenne pour les cartes réseau sans fil. Il peut aussi être beaucoup de techniques. Assurez-vous que ce réseau peut être mis à jour la carte d'antenne.

6. Vérifiez votre canal sans fil. Les routeurs sans fil utilisent un des 11 canaux disponibles. S'il y a d'autres réseaux sans fil à proximité et émissions sur le même canal, alors à la fois le réseau aura des interférences et dégrader les réseaux de portée et la puissance.

Vous pouvez utiliser des logiciels tels que netstumblerde vérifier certains des réseaux sans fil existants dans votre région. Et les canaux utilisés. Si vous savez que d'autres réseaux utilisent le même canal au routeur, vous pouvez vous connecter au routeur via un navigateur et d'utiliser l'écran de configuration intégré dans son choix le canal qui n'a pas été utilisé. Après avoir changé de canal, la puissance du signal augmente.

7. Acheter un répéteur sans fil: répéteurs sans fil peuvent étendre la couverture du réseau sans câblage supplémentaire. Et AP peut généralement fonctionner comme un répéteur. Vous avez juste besoin de les mettre parmi les AP avec l'ordinateur, puis allumez-le et mettez-le comme un sans fil.

8. Mettre à jour le firmware du routeur et le pilote de carte réseau sans fil. Parce que le nouveau firmware a été mis à jour, il y a beaucoup de fonctionnalités supplémentaires.

9. Éviter les interférences, telles que des composants électroniques.

10. Essayez d'utiliser l'équipement fabriqué par un fournisseur. Parce que l'interopérabilité est généralement meilleure que celle faite par de nombreux fournisseurs.

## 3.60   Installation de la carte réseau

La carte réseau est une carte qui permet à un ordinateur doté d'une interface pour se connecter avec d'autres ordinateurs. Dans cet article, vous apprendrez comment retirer et installer une carte réseau dans l'ordinateur.

3. Ouvrez le boîtier de l'ordinateur, vous devez éteindre l'ordinateur lorsque vous le retirez.

3. Utilisez le cas échéant anti-statique.

3. Prenez la carte réseau, puis brancher le connecteur PCI avec les positions de droite.

*Figure 3.96 Pose de la carte réseau dans le connecteur PCI*

4. Appuyez doucement, jusqu'à ce que la carte réseau est entré correctement dans la fente PCI.

5. Affirmez la carte en donnant la vis pour fixer la carte au châssis du PC.

*Figure 3.97 la vis de serrage à l'extrémité de la carte dans le boîtier PC*

6. Assurez-vous que la position effectivement établie et ne bougea plus.

7. Fermez le boîtier du PC et allumez l'appareil.

8. Vérifiez si la carte réseau est reconnue, et tester la connexion.

*Figure 3.98 Insertion de logement de la carte réseau RJ 45*

9. Installez les pilotes, et vous êtes prêt à utiliser la carte réseau pour se connecter à Internet.

## 3.61   Installer tiers Firmware sur votre routeur

Router son firmware peut être mis à jour. Et cette mise à jour du firmware est souvent considéré comme difficile pour certaines personnes, mais il est pas trop difficile si vous savez comment.

Certains routeurs même son firmware peut être mis à jour à l'aide du firmware open source. Le nouveau firmware permet plus de fonctionnalités, telles que l'interface graphique plus récente, la bande passante du moniteur, et la possibilité d'augmenter votre signal wifi. Voici un aperçu de la façon de mettre à jour le firmware de votre routeur:

3. Vérifiez que votre routeur est compatible avec le nouveau firmware.

3. Il y a beaucoup de sources ouvertes firmware comme la tomate ou DD-WRT. Vous pouvez utiliser comme vous le souhaitez, assurez-vous que votre entrée de marque du routeur dans la liste supporté par votre firmware.

3. Téléchargez le firmware des sites respectifs.

4. Extraire le fichier sur votre ordinateur.

5. Maintenant, ouvrez votre routeur avec un navigateur.

*Figure 3.99 Version du firmware du routeur*

6. Cliquez sur l'onglet Administration, puis Firmware Upgrade.

7. Cliquez sur Parcourir et recherchez le fichier qui a été extrait plus tôt dans le répertoire que vous choisissez.

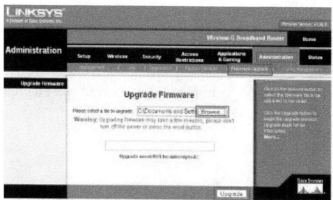

*Figure 3.100 page mise à jour du firmware*

8. Sélectionnez le type de firmware qui convient à votre routeur.

9. Cliquez sur Appliquer et attendez que le routeur se termine en flash. Au cours du processus de mise à jour du firmware, ne pas éteindre le routeur.

10. Après la mise à niveau terminée, revenir à la configuration du routeur, et vous serez accueillis avec une nouvelle interface. Ceci est parce que vous utilisez la configuration du nouveau firmware.

11. Vous devez savoir que l'utilisation d'un firmware tiers peut rendre votre garantie est cassé, donc utiliser cette technique à vos propres risques.

12. La mise en place de la puissance d'émission du routeur de plus de 70 mW pourrait causer le routeur surchauffe et éventuellement détruire le routeur de façon permanente.

## 3.62 Création d'un réseau sans fil invisible

Pour créer un réseau sans fil à être caché, vous pouvez définir son SSID pour devenir invisible pour éviter l'exposition du réseau sans fil par des pirates, il a tendance à être plus sûr. De la façon suivante:

3. panneau de contrôle d'accès du routeur.

3. Vous pouvez consulter le manuel pour connaître l'adresse IP et le mot de passe.

3. Cliquez sur le réseau domestique ou d'autres options qui peuvent accueillir une configuration de réseau local sans fil (en fonction de la marque de la carte réseau).

4. Choisissez WLAN> configurer, Cela dépend aussi du routeur de la marque Point d'accès.

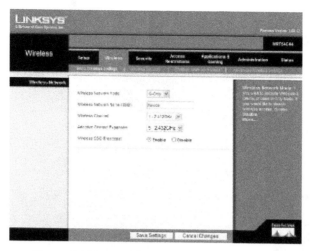

*Figure 3.101 paramètres SSID page Wireless AP*

5. partie Décocher du nom de réseau de diffusion ou correspondant avec elle.

6. Cliquez sur Appliquer ou Sauvegarder.

7. Connectez - Out à partir du panneau de commande.

8. Ne pas oublier d'enregistrer votre nom SSID. Il est difficile de ne pas trouver ce réseau.

## 3.63   Assurez-vous Wi-Fi Booster Utiliser uniquement Cans

rappel Wifi peut être fait en utilisant l'étain ordinaire antenne d'appoint wifi pour votre carte. Comment quelque chose comme ce qui suit:

3. Préparer les matériaux nécessaires.

3. Les matériaux nécessaires comprennent un connecteur N-femelle, 4 écrous et boulons, des fils et certainement.

*Figure 3.102 N connecteur femelle*

3. Nettoyer jusqu'à ce qu'aucun étain résiduel en elle.

4. Couper les extrémités des boîtes de conserve sont proches du capuchon de sorte qu'il n'y a pas d'ouvertures restantes dans des boîtes d'étain alias aussi parfait que un tube.

5. Perceuse pour faire un support pour un connecteur N femelle.

6. Entrez N Femme et la position sécurisée si ferme comme suit:

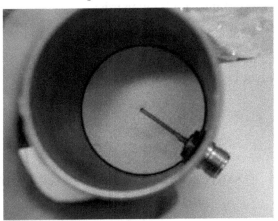

*Figure 3.103 N Connecteur femelle existe déjà*

7. Pour connecter ce rappel antenne wifi à un point d'accès wifi ou carte, vous avez besoin d'un câble appelé un fil de queue de cochon (porcs).

*Figure 3. 104 de câble Pigtail*

8. Mettez cantenna (antenne) fait face à destination de votre choix. nature directionnelle. Donc, une partie des boîtes ouvertes face à la direction prévue où se trouvait le client ou point d'accès wifi.

*Figure 3.105 mise en œuvre Cantenna*

## 3.64 Antenne Wifi fait avec fil Mesh

Antenne Wifi a beaucoup de variation. Vous avez appris à créer une antenne wifi avec des pots, des boîtes et maintenant vous faire usage de maillage.

3. Couper le treillis métallique suffisamment.

3. Placez le treillis métallique dans un plat.

3. Fixer le tuyau à la toile métallique.

4. Placez les journaux sous forme de croix pour faire un fil de maille ne soit pas plié.

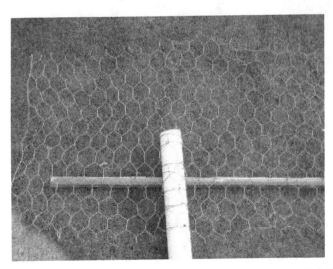

*Figure 2106 a été lié avec un treillis métallique et le tuyau de bois*

5. Tenez le fil avec une carte réseau sans fil au tube d'extrémité interface USB.

6. Ensuite, branchez le câble d'extension USB et le connecter à l'ordinateur. S'il a fallu tout ce temps, étendre le câble USB avec câble UTP.

*Figure 3.107 carte réseau sans fil avec interface USB déjà tenu par le câble sur le tuyau d'extrémité*

## 3.65   Internet Vitesse Maximiser

La plupart des réseaux utilisent la connexion Internet et la connexion Internet optimale n'est pas réellement affecté par la qualité du réseau, mais est également influencée par les paramètres matériels, logiciels et conditions système d'exploitation. Voici quelques techniques pour maximiser la vitesse de l'Internet:

3. Effectuer l'entretien de base sur votre PC.

3. Effectuez une défragmentation de disque à défragmenter.

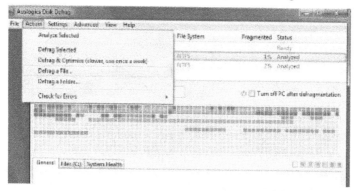

*Figure 3.108 Exemple pour le logiciel Défragmentation*

3. Faites un scan du disque pour scanner votre disque pour les dommages sur votre disque.

4. Effectuer une analyse antivirus pour vérifier la présence de virus et les logiciels malveillants qui interfère avec votre système d'exploitation. La connexion internet est très lent généralement causée par un virus. Ce virus ferroutage votre connexion Internet et votre bande passante.

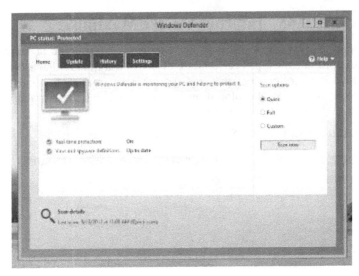

*Figure 3.109 Exemple d'une analyse antivirus dans Windows*

5. Vider la corbeille. Éliminer les anciens fichiers et les fichiers temporaires qui répondent le disque dur. Ne laissez pas l'espace libre du lecteur C est inférieure à 10% de la taille totale du disque. PC qui sont un bon entretien fonctionneront mieux qu'un PC qui n'a pas été bien entretenu.

6. Réinitialiser votre réseau informatique. Souvent, en redémarrant l'ordinateur, la vitesse d'Internet augmentera de façon spectaculaire.

7. Vérifiez vos périphériques réseau dans le monde, si vous avez de nombreux ordinateurs qui utilisent une seule connexion, assurez-vous que tous les ordinateurs sont connectés physiquement à un routeur ou un commutateur, et non un hub. Bien que le moyeu peut être utilisé pour connecter les différents ordinateurs du réseau, mais pas comme un commutateur situé intelligente ou routeur peut établir des priorités et de diriger le trafic de données plus efficacement.

8. Optimisez votre cache de fichiers Internet. Ces fichiers peuvent accélérer la connexion Internet en ne téléchargeant pas à plusieurs reprises le même fichier. Par exemple, il y a un logo de fichier qui est affiché à plusieurs reprises, le cache peut stocker ces informations, si une connexion Internet ne se décharge pas à télécharger le fichier fréquemment. Pour Internet

Explorer, vous pouvez cliquer sur Outils> Options Internet, puis sur l'onglet Général, cliquez sur le bouton Paramètres et vérifier automatiquement. Définissez la quantité d'espace disque qui sera utilisé pour accueillir le cache. Idéalement 2% de la capacité totale du disque dur. Dans Firefox, vous pouvez Clicktools> Options puis cliquez sur l'onglet Confidentialité. Cliquez ensuite sur l'onglet Cache.

9. Ne pas contourner le routeur, car la plupart des routeurs ont un pare-feu peut vous protéger contre les pirates. Si l'ordinateur peut être piraté ou infecté par un virus ou un logiciel malveillant que peu peuvent être filtrés par le pare-feu, alors il sera une connexion Internet lente.

10. Si vous utilisez un routeur sans fil, assurez-vous que cela ne pas en conflit ou interférer avec les appareils émettant des ondes. Comme un micro-ondes ou un téléphone sans fil qui a été décrit précédemment.

11. Si l'erreur de connexion lente provoquée par la connexion de son fournisseur d'accès Internet, vous pouvez contacter votre fournisseur d'accès. En cas de besoin, généralement le FAI envoie un technicien à votre place.

12. Mise à niveau de votre ordinateur, cela se fait si votre machine est trop ancien.

13. Améliorez votre routeur ou de pare-feu. Le nouveau routeur de technologie de plus en plus parfaite, que ce soit matériel ou son logiciel. Par conséquent, si vous utilisez toujours le vieux routeur, il ne peut pas nuire à remplacer le routeur pour obtenir une connexion plus optimale.

14. Mise à niveau du firmware du routeur. Vous pouvez consulter le site Web du fabricant de routeur pour télécharger le firmware, ou pouvez également utiliser le firmware de tiers à condition que votre routeur est pris en charge par le firmware.

15. Remplacez le câble de votre modem. En raison de la nature des composants électroniques tels que des câbles semi-conducteurs, va se détériorer au fil du temps. Il pourrait être chauffé, et la dégradation des matériaux. De plus, le câble pas cher, essayez de mettre à niveau votre câble.

16. Souvent, votre connexion est lente parce que d'autres programmes utilisent l'ordinateur. Pour trouver des programmes sur la machine, vous pouvez cliquer sur Windows + R, puis exécutez la CMD et tapez la commande netstat -b 5. Il affiche les programmes qui utilisent votre connexion Internet.

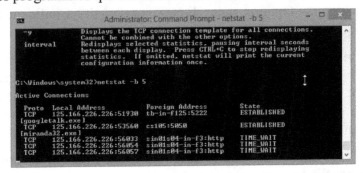

*Figure 3.110 netstat Programme -b pour déterminer les programmes qui utilisent l'accès Internet*

17. Vérifier s'il y a d'autres personnes que vous avez raccordés aux utilisateurs qui téléchargent des fichiers volumineux tels que des fichiers vidéo ou d'un programme qui aggravent une connexion Internet?

18. Si vous utilisez une connexion Internet par satellite, la connexion peut être affectée par la qualité du temps.

19. Utilisation de la technologie à large bande, pour une connexion Internet avec un modem 56k qui est plus lent et donc optimisé base sur ne pas encore être rapide.

20. Utilisez un programme de gestionnaire de téléchargement pour simplifier le processus de téléchargement, de sorte que le téléchargement ne sera pas souvent interrompu de sorte que vous n'avez pas besoin de répéter le processus de téléchargement depuis le début, qui sera sur la bande passante.

23. Si vous utilisez le navigateur Firefox, vous pouvez utiliser une extension pour accélérer et que Fasterfox FireTune.

23. Réduire le nombre de programmes qui utilisent votre accès à Internet, comme la messagerie instantanée, RSS Feeder, ainsi de suite.

23. Améliorez votre RAM afin que vous puissiez obtenir plus rapidement la mémoire. Il est non seulement d'accélérer l'ordinateur, mais aussi l'Internet, les ordinateurs fonctionnent plus rapidement.

24. Des dommages peuvent être causés par un serveur DNS une autre erreur. Si le DNS d'un FAI à nouveau l'erreur, vous pouvez utiliser d'autres DNS, comme Open DNS ou Newsletter. Ces bulletins d'information peuvent également être un filtrage de sites immoraux.

## 3.67 Avec Windows réseau de partage de fichiers du Mac

Voici un guide comment combiner Windows avec un Mac pour pouvoir partager des fichiers et des imprimantes.

3. Assurez-vous que vous avez défini l'adresse IP sous Windows et Mac, s'il vous plaît noter que l'adresse IP.

3. Assurez-vous que vous avez un mot de passe dans Windows.

3. Créer MAC et Windows dans un groupe de travail.

4. Pour définir le groupe de travail sur un MAC, vous pouvez cliquer sur **Applications> Utilitaires> Répertoire accès**

5. Cliquez sur l'icône de cadenas en bas à gauche. Si l'option est désactivée SMB, un choix sda. Entrez le nom de votre groupe de travail Windows.

6. Si un mot de passe, entrez le mot de passe pour vous.

7. Créez un dossier dans Windows, par exemple, des circuits nom PARTAGÉE.

8. Ensuite, vous pouvez partager des dossiers sur votre Mac.

9. Ouvrir **préférences de système** en cliquant sur Applications> Préférences Système.

10. Ouvrir **Partage** Internet et réseau, puis vérifier le partage Windows puis suivi par cliquez sur Démarrer.

11. Pour le dernier enregistrement de partage de Mac à Windows, cliquez sur la fenêtre Exécuter> et puis tapez l'adresse IP du Mac, par exemple,Ipaddress_from_mac \ \ \ name_user_mac,

12. Entrez votre nom d'utilisateur et mot de passe du Mac.

13. Comme si elle veut accéder à Windows sur le Mac, vous pouvez cliquer sur > **Se connecter au serveur.**Dans l'adresse du serveur, entrez smb: // ip_address / share. Modifier l'adresse IP avec l'adresse IP de vos fenêtres, et les fenêtres share Partager avec un nom créé précédemment.

## 3.68 Modification du DNS

Erreur DNS que vous utilisez souvent? Pourquoi ne pas remplacer votre serveur DNS. Maintenant, nous allons changer nos serveurs DNS en utilisant le DNS de Nawala.

3. Ouvrez nawala.org. Il y a la liste DNS répertorié que vous pouvez utiliser.

*Figure 3.111 Nawala.org*

3. Vous pouvez enregistrer DNSnya, à savoir 180 131 144 144 et 180 131 145 145.

3. Ouvrez Connexions réseau dans Windows.

4. Faites un clic droit sur la connexion que vous voulez, puis cliquez sur **Propriétés**,

5. choisir **Protocole Internet (TCP / IP)** puis cliquez sur Propriétés.

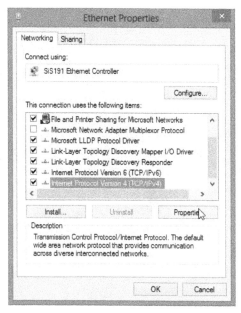

*Figure 3.112 connexions réseau*

6. Le contrôle des adresses Utilisez les IP suivantes entrez l'adresse IP que vous avez enregistré.

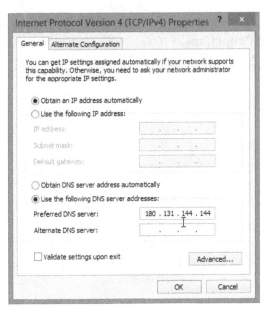

*Figure 3.113 Les adresses de serveur DNS suivantes*

## 3.69 Remplacement du routeur sans fil

Souvent, pour des raisons qui ne sont pas claires, votre connexion Internet pourrait être en baisse et, éventuellement, à travers l'ensemble du réseau ne peut pas accéder à Internet.

3. Ping le routeur de votre PC. fenêtre Exécuter, puis tapez ping ip_address du routeur, par exemple, ping 193.168.3.1 (par exemple 193.168.3.1 est l'adresse de votre routeur).

3. Retirer le cordon d'alimentation du routeur.

3. Attendez 10 secondes que le routeur est activé.

4. Revenez routeur avec l'aide du navigateur HTTP: // alamatip_router ou il pourrait être de ping.

5. Remplissez le nom d'utilisateur adn mot de passe du routeur.

6. Si vous avez oublié votre nom d'utilisateur et mot de passe, vous pouvez réinitialiser avec le bouton-poussoir est derrière un

routeur. Mais finalement, vous devez remplacer ce mot de passe à nouveau pour le rendre plus sûr.

7. Vous pouvez remettre le routeur, comme la connexion Internet du modem ADSL.

8. En outre, vérifiez la clé WEP pour les fonctions de sécurité du routeur.

9. Certains routeurs sans fil ne sont pas robustes pour gérer les données causées par le torrent. Et pour couper ou bloquer à titre de compensation.

# 3.70   rafraîchir DNS

DNS (Domain Name System) est un système informatique qui stocke et les résultats connexes et des informations pertinentes à une adresse Web dans le cache. Avec le DNS de rafraîchissement, vous pouvez mettre à jour cette référence.

Sous Windows, le DNS rafraîchissent comme suit:

3. Exécute la commande cmd en tant qu'administrateur en sélectionnant **Exécuter en tant qu'administrateur**,

3. Tapez la commande suivante: ipconfig / flushdns.

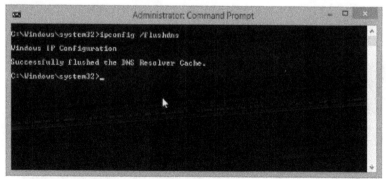

*Figure 3.114 commande ipconfig / flushdns*

3. Attendez jusqu'à ce qu'il indique la configuration IP de Windows et avec succès rincée le cache DNS Resolver.

---

4. Sous Windows, vous pouvez également modifier votre registre, pour modifier la durée d'entrée de temps stockée dans le cache DNS. Ouvrez regedit puis allez à HKEY_LOCAL_MACHINE \ SYSTEM \ CurrentControlSet \ Services \ Dnscache \ clé de Registre Paramètres.

5. Dans MaxCacheTtl, vous pouvez modifier les résultats de recherche DNS de temps maximum seront stockés dans le cache. La valeur par défaut est 86400, ce qui signifie 24 heures.

6. Dans MaxNegativeCacheTtl, vous pouvez modifier le nombre maximal de secondes de stockage DNS de recherche négative ou nuisible dans le cache. La valeur par défaut de 900 ou 15 minutes.

## 3.71 Actualiser l'adresse IP sur les ordinateurs Windows

L'une des causes d'erreur fréquente de l'ordinateur est l'adresse IP incohérente. Vous pouvez me-rafraîchir si vous voulez. Cause de l'échec que vous déplacez souvent votre ordinateur à un autre réseau afin que les adresses IP ne sont pas compatibles. Comment rafraîchir son, entre autres:

1. Ouvrez une invite de commande en cliquant sur **Windows + R**, Exécutez l'invite de commande en cliquant sur « cmd »

2. À l'invite de commande, tapez ipconfig pour voir l'adresse IP maintenant.

3. Type: ipconfig / release

4. Ressaisissez: ipconfig / renew

5. Quittez l'invite de commande en tapant **Sortie**

## 3.72 Réinitialiser les routeurs réseau

Réseau avec un routeur Linksys peut être remis à zéro par d'autres moyens tels que les routeurs, à savoir:

3. Éteignez votre câble DSL.

3. bouton de recherche sur le dos de votre routeur réseau Linksys, il y a un petit bouton intitulé Reset.

3. Comment réinitialiser le Linksys légèrement différent, par exemple, cliquez sur le bouton Reset et maintenez pendant 30 secondes.

4. Attendez que le voyant d'alimentation, WLAN et Internet allumé à nouveau dans le routeur.

5. Branchez le câble du modem si votre routeur ne dispose pas de fonction modem, ou bien le modem extérieur.

6. Ouvrez votre navigateur pour déterminer s'il y a une connexion Internet ou non. Si elles ne sont pas bien connectés, vous pouvez redémarrer l'ordinateur.

7. Ouvrez un administrateur Web du PC et régler le routeur pour activer le serveur DHCP et configurer le client d'être un client DHCP.

8. Lorsque vous appuyez sur le bouton Reset, assurez-vous que vous ne relâchez pas cette pression jusqu'à au moins 30 secondes.

9. Réinitialiser effacera toutes votre configuration si vous aviez précédemment ouvert un port pour un jeu, alors ce port sera fermé à nouveau.

10. Dans la plupart des routeurs Linksys, nom d'utilisateur et mot de passe sont vides (sans nom d'utilisateur) et mot de passe = admin.

11. En règle générale, les paramètres par défaut pour le DHCP du routeur, NAT et l'allocation des adresses IP automatiquement. Donc, vous devez définir à nouveau si vous souhaitez définir une adresse IP statique.

# CHAPTER 4 ASTUCE WINDOWS 7

Une fois que Windows 8, vous pouvez aussi voir quelques-uns des conseils suivants pour optimiser votre travail dans Windows 7.

## 4.1   Accélérer l'accès Taskbar raccourci

Vous pouvez accéder à un dossier ou une application spécifique est raccourci à l'aide d'accès dans la barre des tâches. Comment créer une barre d'outils qui fait référence à une application spécifique ou un dossier, procédez comme suit:

3. Faites un clic droit sur la barre des tâches, puis cliquez sur **Barres d'outils> Nouvelle barre d'outils,**

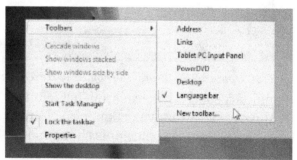

*Figure 4.1 Nouvelle barre d'outils*

Figure 3.1 Menu pour créer une nouvelle barre d'outils

3. Sélectionnez l'emplacement du dossier que vous souhaitez accéder rapidement, cliquez sur **Sélectionner le dossier,**

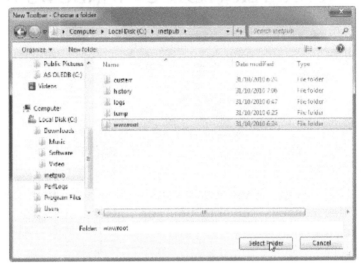

*Figure 4.2 Choisissez Sélectionner un dossier pour sélectionner le dossier à accéder rapidement*

3. Vérifiez le nom de la barre d'outils par un clic droit sur la barre des tâches puis cliquez sur **Barres d'outils> nom de barre d'outils fait,**

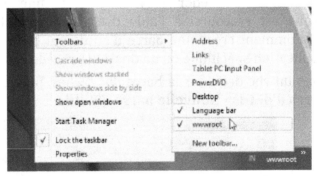

*Figure 4.3 Vérification du nom de barre d'outils*

4. Donc, pour accéder au dossier ou fichier, Et l'application dans le dossier, vous pouvez cliquer sur la flèche à côté du dossier sur la barre des tâches puis cliquez sur le bouton.

*Figure 4.4 raccourcis vers des fichiers et applications dans un dossier a été fait dans la barre des tâches*

## 4.2    Affichage Afficher le bureau

Dans les versions de Windows avant Windows 7, il y a toujours le raccourci sur le bureau Afficher qui vous permet d'afficher le bureau et nettoyer toutes les fenêtres d'affichage existantes. Afficher le bureau minimisera tout programme à la barre des tâches afin que vous puissiez voir le bureau.

Depuis la barre de lancement rapide est déjà intégré dans la barre des tâches dans Windows 7, vous ne pouvez plus voir l'ancien Afficher l'icône de bureau. Mais cela ne signifie pas que la clé a été supprimée de Windows 7, le bouton peut encore être votre retour. Les installations montrent le bureau standard de Windows 7 est déjà déformé, qui est à l'extrémité droite de la barre des tâches, comme le montre la figure ci-dessous:

*Figure 4.5 bureau Lame Afficher à l'extrême droite de la barre des tâches*

En ce qui concerne les écrans montrent le bureau dans la barre des tâches, vous pouvez créer une nouvelle barre d'outils, puis le modifier de la manière suivante:

3. Faites un clic droit sur la barre des tâches, puis cliquez sur le menu **Barres d'outils> Nouvelle barre d'outils**,

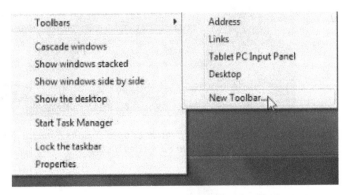

*Figure 4.6 Menu pour créer une barre d'outils Afficher le bureau*

3. Naviguez ensuite ce dossier, vous pouvez le copier dans la zone d'adresse sur votre ordinateur:% SystemDrive% \ Users \% username% \ AppData \ Roaming \ Microsoft \ Internet Explorer \

4. l'ouverturedossier est le lancement rapide. Cliquez sur Sélectionner le dossier,

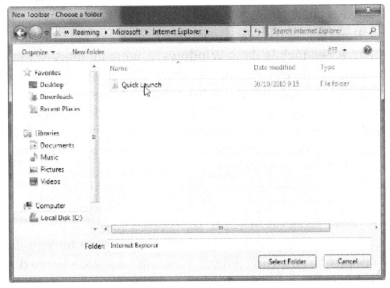

*Figure 4.7 Choisissez le lancement rapide dans le Choisissez un dossier*

5. Vous pouvez voir le bureau il n'y a pas de concert. Faites glisser dans la gauche.

*Figure 4.8 Afficher l'icône de bureau est placé à l'extrême gauche*

6. Si vous ne pouvez pas être un frein, faites un clic droit sur la barre des tâches puis décocher **Verrouiller la barre des tâches**,

*Figure 4.9 Afficher le Bureau est déjà à l'extrême gauche du lancement rapide*

7. Si vous cliquez dessus, l'affichage de tous les programmes sur le Desktop être minimisé dans la barre des tâches.

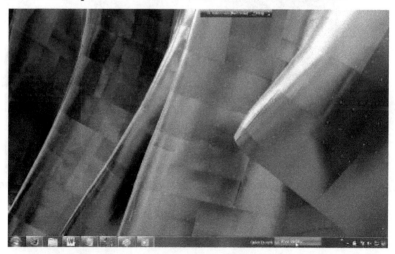

*Figure 4.10 affichage du bureau sera réduite au minimum si l'option Afficher l'icône de bureau s'affiche*

8. Vous pouvez également faire un clic droit sur une zone vide de la barre d'outils Lancement rapide, puis en éliminant le Afficher le titre de supprimer les mots de lancement rapide, et de supprimer également la vérification dans le salon texte pour supprimer l'étiquette à droite de l'icône de raccourci la barre d'outils Lancement rapide.

*Figure 4.11 Retrait du texte et qu'il titre*

9. En conséquence, l'icône du bureau de spectacle est vu apparaître dans la barre des tâches afin que vous puissiez y accéder rapidement.

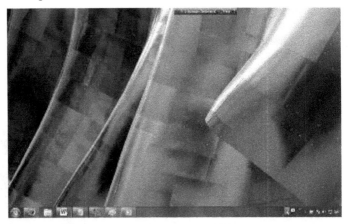

*Figure 4.12 Afficher les icônes de bureau déjà sur la barre des tâches*

## 4.3    L'utilisation RecycleBin RecycleBinEx spéciale

Corbeille RecycleBinEx est plus puissant qui peut vous permettre d'obtenir la gestion « déchets électroniques » dans Windows plus facilement. Vous pouvez regrouper les données par son type, puis effacer les données de manière permanente de la corbeille ne peut donc pas être récupéré à nouveau.

Voici comment utiliser la Binex Recycler dans Windows 7:

3. Télécharger le programme d'installation de RecycleBinEx http://www.fcleaner.com/recyclebinex

3. 2x cliquez sur le programme d'installation que vous avez téléchargé puis cliquez sur Suivant La fenêtre Bienvenue dans l'assistant d'installation RecycleBinEx.

*Figure 4.13 Bienvenue dans l'assistant d'installation RecycleBinEx*

3. Contrat de licence a émergé. Cliquez sur J'accepte l'accord et puis cliquez sur Suivant.

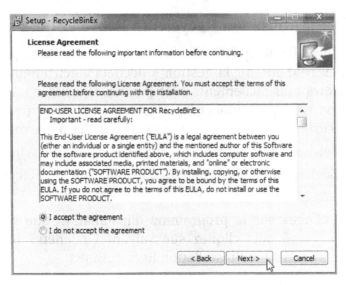

*Figure 4.14 J'accepte l'accord pour accepter la licence*

4. Dans Choisir le lieu de destination, vous pouvez spécifier l'emplacement d'installation, cliquez sur Suivant.

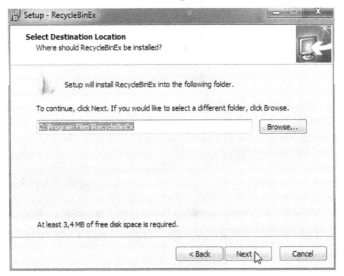

*Figure 4.15 Sélectionnez l'emplacement de destination*

5. Vous pouvez spécifier le dossier dans le menu de démarrage qui est par conséquent le nom du menu Démarrer sera créé pour ce programme. Cliquez sur Suivant.

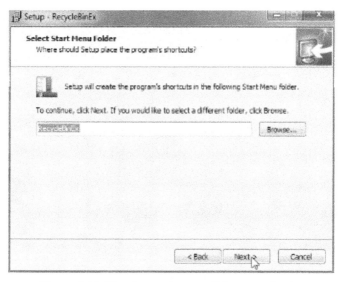

*Figure 4.16 Sélectionnez le menu Démarrer dossier*

6. Dans la zone Sélectionner des tâches supplémentaires, vous pouvez spécifier des tâches supplémentaires.

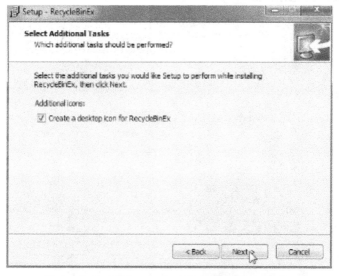

*Figure 4.17 Sélectionnez Tâches supplémentaires*

7. Sur la page Prêt à installer, vous pouvez voir un récapitulatif des attributs d'installation. Cliquez sur Installer pour l'installer.

---

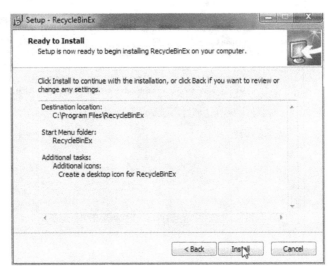

*Figure 4.18 Prêt à installer*

8. Sur la page Fin de l'Assistant d'installation RecycleBinEx, cliquez sur Terminer pour terminer l'installation de ce RecycleBinEx.

*Figure 4.19 Fin de l'Assistant d'installation RecycleBinEx*

9. Vous pouvez regarder l'icône RecycleBinEx existant similaire à la corbeille. Si vous remplissez les données dans la corbeille, puis recyclerbin sera mettre à jour la liste des fichiers dans la corbeille, ainsi que les fichiers ont disparu

dans la corbeille, mais pas encore définitivement effacé, un alias qu'ils index en elle.

*Figure 4.20 Corbeille*

10.    Vous pouvez organiser les fichiers qui ont été supprimés il y a plusieurs jours pour arranger.

*Figure 4.21 Nettoyer les articles en fonction des paramètres de temps spécifiés*

11.    Vous pouvez voir quand les temps sont supprimés des fichiers supprimés à l'époque.

*Figure 4.22 Affichage du temps imparti dans le temps supprimé*

12. Cliquez sur Options, pour définir cette RecycleBinEx programmeoption. Cliquez sur OK.

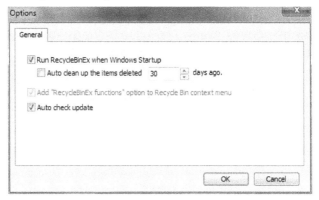

*Figure 4.23 Définition des options RecycleBinEx*

13. Pour supprimer définitivement un fichier, sélectionnez la liste des fichiers, puis cliquez sur Supprimer.

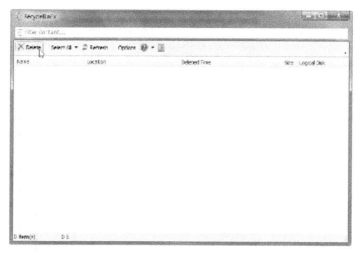

*Figure 4.24 Supprimer pour supprimer la liste des fichiers*

## 4.4    L'utilisation PSR (problème Step Recorder)

Si vous rencontrez un problème, vous pouvez utiliser l'enregistreur étape de problème qui enregistre tout ce que vous faites. Vous n'avez pas besoin de le faire manuellement l'enregistrement, parce que tout ce que vous faites étape sera stocké d'une manière ordonnée, même accompagné d'une capture d'écran de ce que vous faites.

Donc, en utilisant ce PSR, vous pouvez consulter d'autres personnes sur ce qui cause certains problèmes apparaissent sur votre ordinateur. Voici un exemple en utilisant le PSR dans votre ordinateur:

3. Cliquez sur Démarrer, puis sur « enregistreur étape de problème », tapez dans la zone de recherche.

*Graphique 4.25 Vous recherchez le programme d'enregistrement étape de problème*

3. Cliquez sur Début de l'enregistrement pour commencer à enregistrer votre problème.

*Figure 4.26 Cliquez sur Démarrer pour commencer l'enregistrement enregistrement*

3. Faites ce que vous voulez, comme l'ouverture du programme, taper, cliquez dessus, cliquez dessus et ainsi de suite.

4. Lorsque vous faites le calcul Activités,comme d'habitude, vous pouvez voir l'enregistrement est terminé. Si vous souhaitez ajouter un commentaire, vous pouvez le faire dans le commentaire Add.

5. Maintenant, si vous voulez arrêter l'enregistrement, vous pouvez le faire en cliquant sur le dossier Stop.

*Figure 4.27 Arrêter l'enregistrement pour arrêter l'enregistrement*

6. Si elle est terminée, vous serez invité à enregistrer un fichier contenant le résultat de l'enregistrement en tant que fichier zip. Vous pouvez cliquer sur Enregistrer pour l'enregistrerà le nom précédent du fichier dans la zone de texte Nom du fichier.

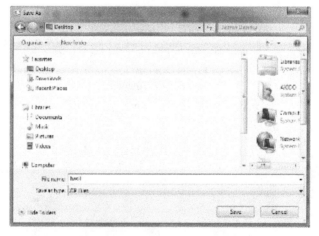

*Figure 4.28 Donner un nom dans le nom du fichier*

7. Ce fichier sera enregistré dans le archive tar.

8. Utilisez l'archive de fichiers ouvre comme WinZip ou WinRar pour ouvrir ce fichier d'archive.

*Graphique 4.29 WinRar afficher le fichier pour ouvrir l'archive*

9. Cliquez 2x sur cette extension de fichier .mht, ce fichier sera ouvert à l'aide des fichiers Internet Explorer.

*Figure 4.30 Internet Explorer ouvre une page Web qui contient tous les résultats de l'enregistrement*

10. Vous pouvez également voir au milieu il y a une capture d'écran de l'application qui est en cours d'ouverture par l'utilisateur est enregistrées par le PSR.

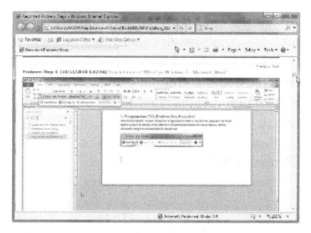

*Figure 4.31 capture d'écran d'images prises par PSR*

11.    Au fond, vous pouvez voir une description textuelle de l'application ainsi que les attributs de la fenêtre qui a ouvert.

*Figure 4.32 Remarque concernant la fenêtre d'attribut est ouvert dans les fenêtres*

# 4.5    Exécution du programme en tant qu'administrateur rapidement

Dans Windows 7, il y a un terme administrateur et utilisateur créé pour protéger l'ordinateur contre la menace des virus ou d'autres logiciels malveillants. Alors que les utilisateurs qui n'ont pas l'autorité qui peut nuire à votre ordinateur, tels que jongler avec les fichiers du système d'exploitation.

Il existe plusieurs techniques pour exécuter le programme rapidement en tant qu'administrateur, comme suit:

3. Cliquez sur CTRL + MAJ puis cliquez sur l'icône de l'application que vous souhaitez exécuter en tant qu'administrateur.

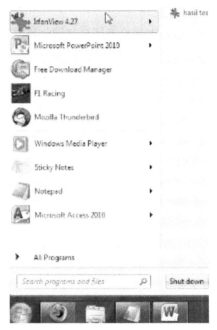

*Figure 4.33 CTRL + MAJ, plus cliquez sur l'application à exécuter en tant qu'administrateur*

3. Si l'UAC apparaît, cliquez sur Oui pour permettre au programme est exécuté en tant qu'administrateur?

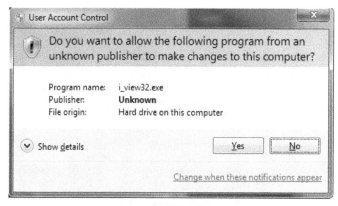

*Figure 4.34 fenêtre UAC pour définir la licence si le programme fonctionnera en tant qu'administrateur ou non?*

3. Une autre façon consiste à exécuter en tant qu'administrateur par un clic droit puis Cliquez sur sur Exécuter en tant qu'administrateur.

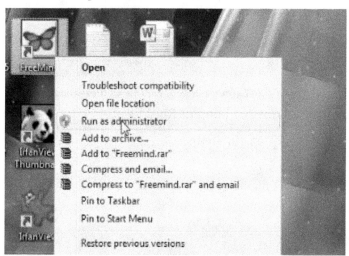

*Figure 4.35 Exécuter en tant qu'administrateur pour exécuter le programme en tant qu'administrateur*

4. Ou par un clic droit sur le programme, puis cliquez sur Propriétés.

5. Cliquez ensuite sur l'onglet Compatibilité et vérifiez Exécuter ce programme en tant qu'administrateur.

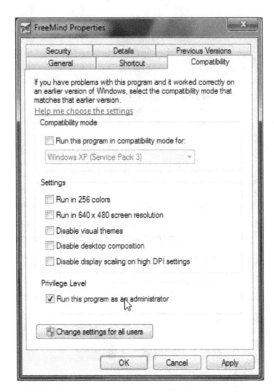

*Figure 4.36 Exécuter ce programme en tant qu'administrateur*

6. Ou en cliquant sur l'onglet Raccourci.

7. Ensuite, cliquez sur Avancé.

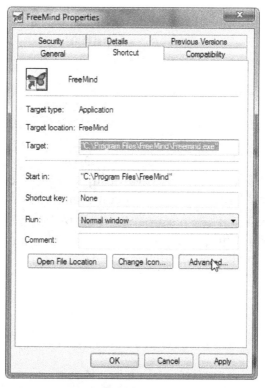

*Figure 4.37 Cliquez sur l'onglet Avancé dans l'onglet Propriétés*

8. Quand il est apparu des propriétés avancées, cochez la Exécuter en tant qu'administrateur, puis cliquez sur OK.

*Figure 4.38 Exécuter en tant qu'administrateur à des propriétés avancées*

## 4.6 Réglez le curseur de contrôle de compte (User Access Control)

Ou contrôle de compte utilisateur de contrôle d'accès peuvent être mis en place sur l'ensemble, pour vous permettre de façon plus optimale dans l'informatique. Avec contrôle de compte, vous pouvez spécifier le niveau de sécurité dans le PC. Le niveau de sécurité est inversement proportionnelle au niveau de confort. Ainsi, les paramètres CCU plus sûrs seront plus mal à l'aise, car il apparaît toujours boîte de confirmation qui doit être UAC cliquée. Voici comment les paramètres CCU:

3. Pour exécuter les paramètres de l'UAC, vous pouvez cliquer sur l'orbe Windows, puis remplir « UAC » dans la fenêtre de recherche. Les résultats seront visibles sur le dessus.

*Figure 4.39 Modifier les paramètres de contrôle de compte d'utilisateur*

3. Vous pouvez définir dans le Choisir quand Signifiez des modifications apportées à votre ordinateur.

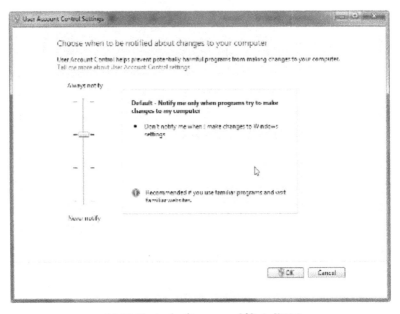

*04:40 Photo fenêtre pour définir l'UAC*

3. Le premier est le Me avertir toujours.

*Figure 4.41 Toujours me notifier*

4. Cela signifie que vous ne serez donné notification Quoiqu'il arrive.

5. Le second est Avertissez-moi que lorsque les programmes tentent de les modifier mon ordinateur (ne pas assombrir mon bureau).

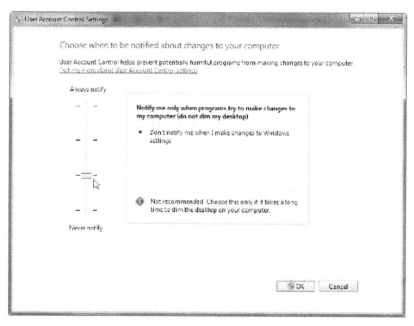

*Figure 4.42 Prévenez-moi que lorsque les programmes tentent de les modifier mon ordinateur*

6. Cela signifie que vous serez averti s'il y a un programme qui est sur le point de modifier les fichiers du système d'exploitation.

7. Vous pouvez voir qu'il n'y a pas faible sur l'ordinateur.

8. La prochaine jamais me avertir.

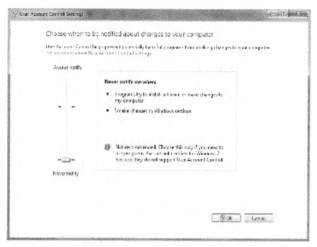

*Figure 4.43 Ne me notifier*

9. Ce n'est pas conseillé car elle rend l'ordinateur vulnérable.

## 4.7    Comment faire pour installer, supprimer et masquer les polices de caractères dans Windows

Une technique pour créer le document optimal est avec la nouvelle police. Vous pouvez obtenir des polices de nombreuses sources, notamment Internet. Vous pouvez ensuite installer, supprimer ou masquer des polices sur l'ordinateur.

l'installation des polices

3. Pour pouvoir installer des polices, vous devez disposer des droits d'administrateur. Une fois que vouspour télécharger la police, assurez-vous d'extraire la police si la police dans un état archivé.

3. Il y a deux façons d'installer les polices, 2x première est de cliquer sur le fichier de police pour l'ouvrir, puis cliquez sur le bouton Installer.

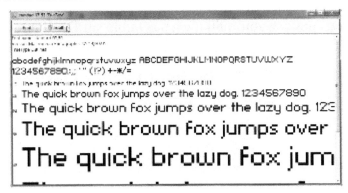

*Figure 4.44 En cliquant sur Installer pour installer une police*

3. Le second avec un clic droit sur la police, puis cliquez sur Installer.

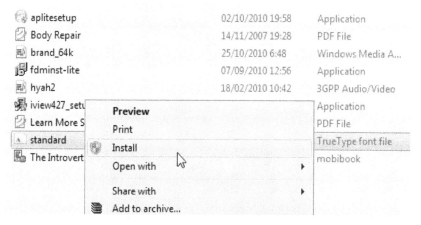

| apltesetup | 02/10/2010 19:58 | Application |
| Body Repair | 14/11/2007 19:28 | PDF File |
| brand_64k | 25/10/2010 6:48 | Windows Media A... |
| fdminst-lite | 07/09/2010 12:56 | Application |
| hyah2 | 18/02/2010 10:42 | 3GPP Audio/Video |
| iview427_set | **Preview** | Application |
| Learn More S | Print | PDF File |
| standard | Install | TrueType font file |
| The Introvert | Open with ▶ | mobibook |
| | Share with ▶ | |
| | Add to archive... | |

*Figure 4.45 Faites un clic droit sur une police, puis cliquez sur Installer*

4. Une fois que les polices installées, vous pouvez ouvrir un éditeur de texte et choisissez la police dans la liste de la police disponible.

5. Vous pouvez également supprimer et cacher les polices. Pour masquer les polices, vous pouvez accéder au panneau de commandepuis cliquez sur l'apparence et personnalisation.

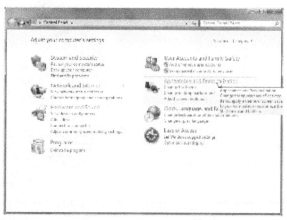

*Figure 4.46 Apparence et personnalisation*

6. Cliquez ensuite sur les polices de caractères, vous pouvez organiser, prévisualiser, supprimer et cacher vos polices.

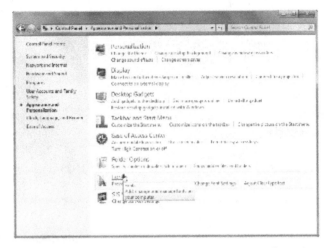

*Figures 4.47 Cliquez sur les polices de caractères pour définir les polices*

7. Pour supprimer une police, vous pouvez sélectionner la police, puis cliquez sur le bouton Supprimer.

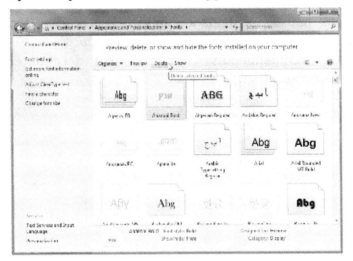

*Figure 4.48 Cliquez sur Supprimer pour supprimer des polices*

8. Vous ne pouvez pas supprimer aussi, mais simplement cacher en cliquant sur l'un des polices, Puis cliquez sur Masquer.

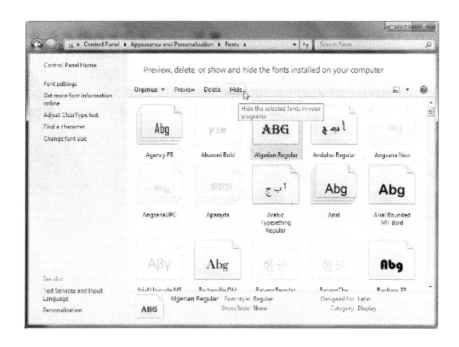

*Figure 4.49 Masquer pour masquer la police*

9. Si vous voulez afficher les polices qui étaient auparavant

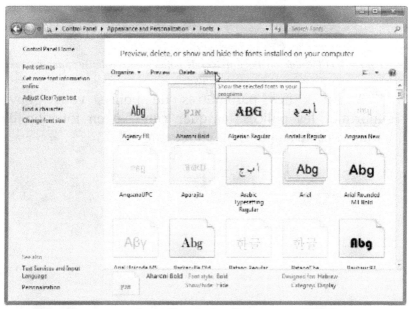

cachés, cliquez sur la police puis cliquez sur Afficher.

10.  Par défaut, Windows 7 cachera polices cettepas conçu pour définir la langue d'entrée. Par exemple, si la langue d'entrée est l'anglais, puis polices arabes, chinois ou japonais sera caché. Pour modifier cette option, vous pouvez cliquer sur Paramètres de police.

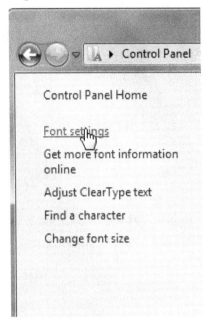

*Figure 4.51 Cliquez sur Paramètres de police pour régler les paramètres de police*

11.  A partir des paramètres de police, vous pouvez supprimer les polices Masquer contrôle en fonction des paramètres de langue, puis cliquez sur OK.

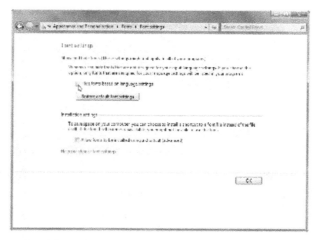

*Figure 4.52 Réglage des paramètres des polices dans les paramètres de police 00 350*

## 4.8   Giga Tweaker Tweak Win 7

le tweakest l'une des techniques pour optimiser les performances de Windows 7, beaucoup de choses peuvent être peaufinés. Il y a beaucoup de logiciels tiers qui permet au peaufinage de cela. L'un est le Giga Tweaker.

Vous pouvez obtenir ce de l'installateur GigaTweaker http://7room.net/gigatweaker/Ensuite, vous pouvez l'installer en procédant comme suit:

3. GigaTweaker clique deux fois sur le programme d'installation que vous avez téléchargé.

3. leoption de langue dans la Choisissez la langue de configuration est affiché. Cliquez sur OK après avoir sélectionné l'anglais.

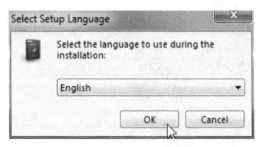

*Figure 4.53 GigaTweaker Sélection de la langue*

3. Dans Bienvenue dans l'assistant d'installation de GigaTweaker, Cliquez sur Prochain.

*Figure 4.54 Bienvenue dans l'assistant d'installation GigaTweaker*

4. Dans l'accord de licence, cliquez sur J'accepte l'accord, puis cliquez sur Suivant.

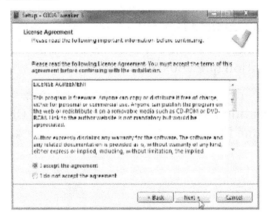

*Figure 4.55 Contrat de licence pour le programme GigaTweaker*

5. Sélectionnez l'emplacement de l'installation dans la zone Sélectionnez l'emplacement de destination.

*Figure 4.56 Sélectionnez l'emplacement de destination pour sélectionner l'emplacement de l'installation*

6. Sur le dossier Menu Sélectionnez Démarrer, vous pouvez choisir un nom pour le menu de démarrage. Cliquez sur Suivant puis.

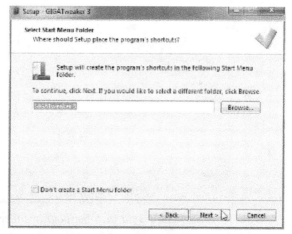

*Figure 4.57 à côté du dossier Menu Sélectionnez Démarrer*

7. Vous pouvez spécifier si vous souhaitez créer une tâche supplémentaire dans les tâches supplémentaires, Sélectionnez telles que la création d'un bureau icône / raccourci ou ajouter une icône de lancement rapide.

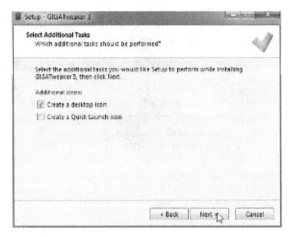

*Figure 4.58 Réglage s'il y aura un raccourci dans le lancement rapide*

8. Sur la page Prêt à installer, il y a un récapitulatif des attributs qui seront installés. Cliquez sur Installer pour l'installer.

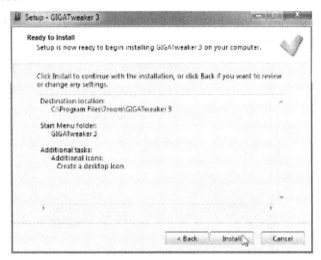

*Figure 4.59 Cliquez sur Installer pour installer*

9. Dans **Fin de l'Assistant d'installation GigaTweaker**Cliquez sur Terminer.

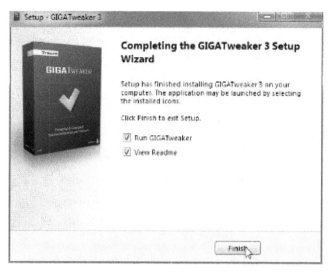

*Figure 4.60 La fin du processus d'installation GigaTweaker*

10.    Après GigaTweaker installé, vous pouvez l'utiliser de la manière suivante:

11.    Exécutez GigaTweaker. Au Bienvenue GigaTweaker, cliquez sur Continuer sans création.

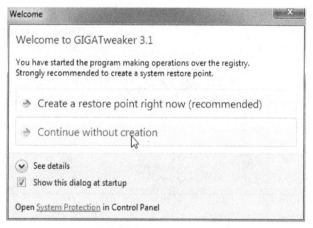

*Figure 4.61 Continuer sans création*

12.    GigaTweaker l'affichage apparaît comme suit:

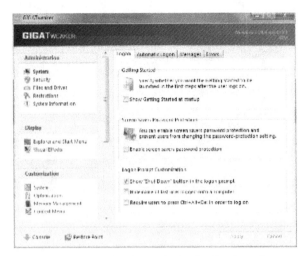

*Figure 4.62 La fenêtre principale GigaTweaker*

13.     Dans Système> Ouverture de session, vous pouvez définir si vous souhaitez afficher une fenêtre Mise en route chaque fois que l'ordinateur est allumé sur et si vous donner le mot de passe pour l'économiseur d'écran.

14.     Sur le système> ouverture de session automatique, vous pouvez déterminer si vous souhaitez activer automatique s'identifier pour se connecter automatiquement à un utilisateur spécifique.

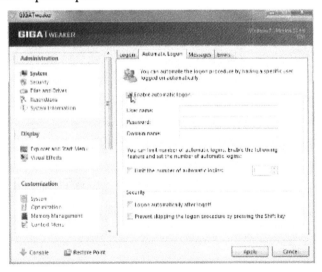

*Figure 4.63 ouverture de session automatique*

15. Sur le système> Messages, vous pouvez sélectionnersi vous souhaitez afficher un message d'état ou de spécifier le message affiché avant la connexion. Cliquez sur Appliquer.

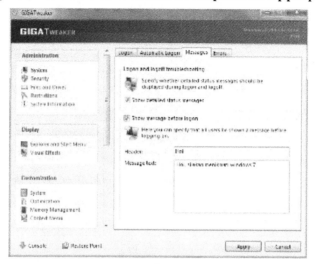

*Figure 4.64 Paramètres système> Messages*

16. Sur le système> erreurs, vous pouvez décider quoi faire en cas de problème. Par exemple, s'il y a une défaillance du système, vouspeut déterminersi des mesures immédiates pour redémarrer ou autre. Vous pouvez également spécifier comment la méthode des rapports d'erreur. Cliquez sur Appliquer.

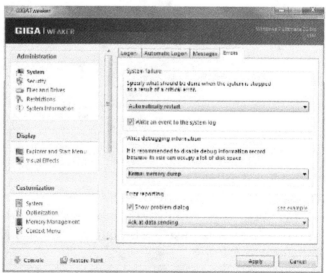

*Figure 4.65 Section Système> Erreur de définir l'erreur*

17. Dans Sécurité> UAC, vous pouvez modifier le contrôle d'accès utilisateur. En fait, vous pouvez désactiver l'UAC.

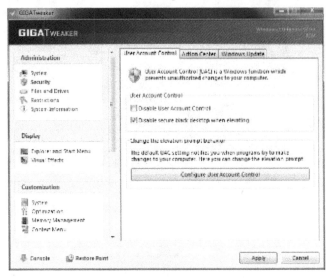

*Figure 4.66 Sécurité> UAC pour définir UAC*

18. Dans Sécurité> Centre d'action, vous pouvez définir ce qui est affiché dans les notifications Centre d'action.

*Figure 4.67 Centre d'action*

19. Dans Sécurité> Windows Update, vous pouvez spécifier comment effectuer la mise à jour, que ce soit automatique ou même désactivé.

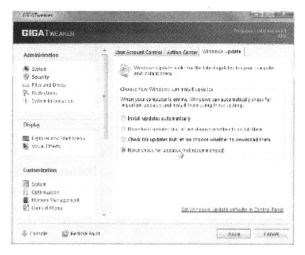

*Figure 4.68 mise à jour Windows*

20. Dans les fichiers et lecteurs> Ouverture de fichiers, vous pouvez indiquer si vous souhaitez afficher automatiquement l'Open Avec des applications inconnues, et l'application par défaut pour les fichiers sans extension.

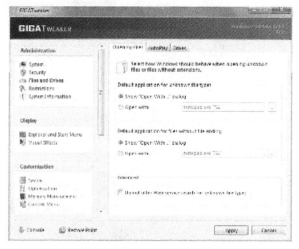

*Figure 4.69 Système> Ouverture de fichiers*

23. Dans les fichiers et lecteurs> Autoplay, vous pouvez choisir d'activer ou non le comportement Autoplay pour les médias et les périphériques.

---

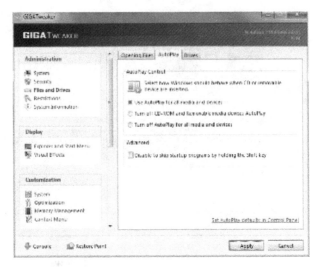

*Figure 4.70 fichiers et lecteurs> Autoplay*

23. Dans les fichiers et lecteurs> Pilotes, sélectionnez le la position de votre lecteur et l'installation d'avertissement d'espace disque faible.

*Figure 4.71 fichiers et pilotes*

23. Dans Restrictions> Système, vous pouvez définir les limites pour les systèmes Windows 7.

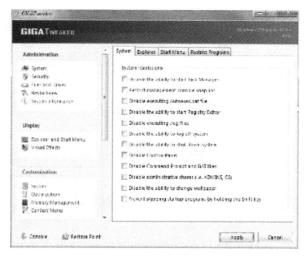

*Figure 4.72 paramètres de restriction pour le système*

24.     Dans Restrictions> Explorer, vous pouvez définir des restrictions pour Windows Explorer.

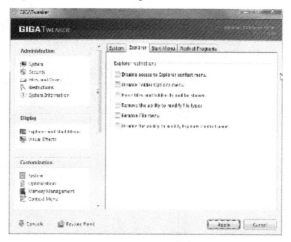

*Figure 4.73 Définition d'une limite à l'explorateur*

25.     Dans Restrictions> Menu Démarrer, vous pouvez définir une limite au menu de démarrage.

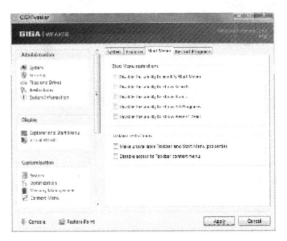

*Figure 4.74 Fixer une limite au menu de démarrage*

26.　Dans Restrictions> Limiter les programmes, vous pouvez restreindre l'utilisateur de ne pas être en mesure d'accéder à certains programmes.

*Figure 4.75 Paramètres Limiter les programmes*

27.　Dans le Système d'information> Général, vous pouvez gérer le contenu des informations générales du système.

*Figure 4.76 Paramètres Informations générales*

28. Dans le système d'information> Information Support, vous pouvez spécifier des informations sur votre ordinateur, comme le modèle, le fabricant et même remplacer le logo.

*Figure 4.77 Informations de support pour organiser le soutien de l'information*

29. Dans l'Explorateur et le menu Démarrer> Explorer, vous pouvez configurer plus sur le système de l'explorateur, tels que les fichiers système et plus.

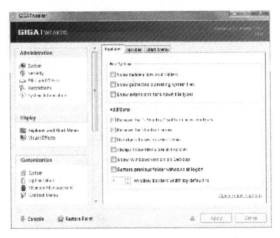

*Figure 4.78 Réglage System Explorer*

30.    Dans le menu Démarrer et Explorateur> Barre des
tâches, vous pouvez déterminer comment organiser votre
barre des tâches Windows de bureau.

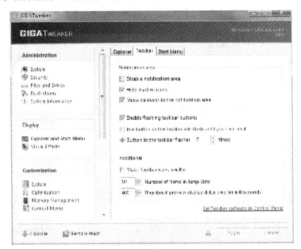

*Figure 4.79 Paramètres dans la barre des tâches Explorer et Menu*
*Démarrer> Taskbar*

33.    Dans l'Explorateur et le menu Démarrer> Menu
Démarrer, vous pouvez définir comment afficher le bouton
de mise hors tension.

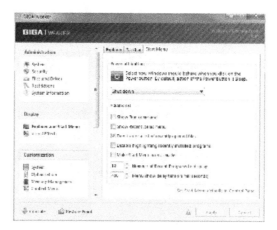

*Figure 4.80 Paramètres du menu Démarrer*

33.     Sur les effets visuels> Effets, vous pouvez définir l'effet à l'aspect visuel de Windows 7.

*Figure 4.81 Effets Visuels*

33.     Sur les effets visuels> Animation, vous pouvez choisir d'activer l'animation dans certains moments.

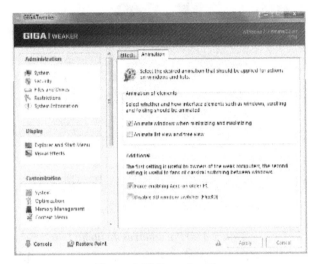

*Figure 4.82 Set animation*

*Figure 4.83 N connecteur femelle*

3. Nettoyer jusqu'à ce qu'aucun étain résiduel en elle.

4. Couper les extrémités de boîtes sont proches du plafond afin qu'il y sont aucun reste des ouvertures dans des boîtes d'étain alias aussi parfait que un tube.

5. Perceuse pour faire un support pour un connecteur N femelle.

6. Entrez N Femme et la position sécurisée si ferme comme suit:

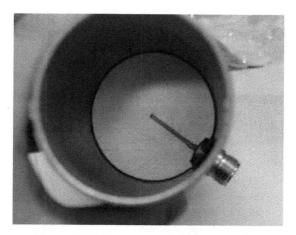

*Figure 4.84 N Connecteur femelle existe déjà*

7. Pour connecter ce rappel antenne wifi à un point d'accès wifi ou carte, vous avez besoin d'un câble appelé un fil de queue de cochon (porcs).

*Figure 4.85 de câble Pigtail*

8. Mettez cantenna (antenne) fait face à destination de votre choix. nature directionnelle. Donc, une partie des boîtes ouvertes face à la direction prévue où se trouvait le client ou point d'accès wifi.

*Figure 4.86 mise en œuvre Cantenna*

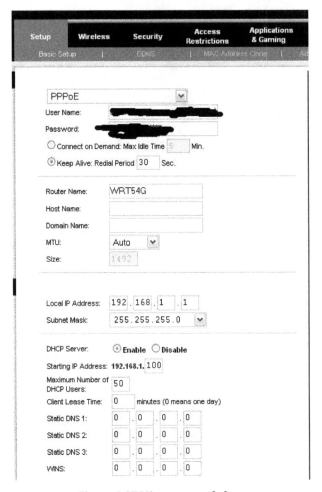

*Figure 4.87 Mise en page de base*

3. Sur la page de configuration de base, il y a quelques informations dépend de la marque de routeur AP que vous utilisez. Mais le plus probable qu'il y ait un récapitulatif des informations pertinentes telles que le nom du routeur, l'adresse IP du routeur et d'autres informations nécessaires.

3. Vous pouvez ouvrir la section sans fil qui règle généralement les attributs sans fil de l'ordinateur. En partie, cela est généralement posé fonction de réglage SSID sans fil.

4. Modifiez le nom du réseau par défaut vous remplissez la zone de texte Nom du réseau sans fil (SSID).

*Figure 4.88 changement de nom SSID*

5. Enregistrer ces modifications, une fois stockés, l'ordinateur est dans la gamme du routeur point d'accès reconnaîtra a été inscrit le nom du réseau, le nom du réseau sans fil ou plus communément connu sous le nom SSID.

6. En donnant un nom différent du nom par défaut du routeur, vous pouvez le faire paraître réseau plus personnalisé et plus facilement reconnu par les membres de votre réseau.

*Figure 4.89 Mise en page de base*

3. Sur la page de configuration de base, il y a quelques informations dépend de la marque de routeur AP que vous utilisez. Mais le plus probable qu'il y ait un récapitulatif des informations pertinentes telles que le nom du routeur, l'adresse IP du routeur et d'autres informations nécessaires.

3. Vous pouvez ouvrir la section sans fil qui règle généralement les attributs sans fil de l'ordinateur. En partie, cela est généralement posé fonction de réglage SSID sans fil.

4. Modifiez le nom du réseau par défaut vous remplissez la zone de texte Nom du réseau sans fil (SSID).

| Wireless Network Mode: | Mixed |
| Wireless Network Name (SSID): | Wireless |
| Wireless Channel: | 6 - 2.437GHz |
| Wireless SSID Broadcast: | ⊙ Enable ○ Disable |

Status : SES Inactive

[ Reset Security ]

*Figure 4.90 changement de nom SSID*

5. Enregistrer ces modifications, une fois stockés, l'ordinateur est dans la gamme du routeur point d'accès reconnaîtra a été inscrit le nom du réseau, le nom du réseau sans fil ou plus communément connu sous le nom SSID.

6. En donnant un nom différent du nom par défaut du routeur, vous pouvez le faire paraître réseau plus personnalisé et plus facilement reconnu par les membres de votre réseau.

# A PROPOS DE L'AUTEUR

Ali Akbar est un Visual Basic.NET Auteur qui a plus de 10 ans d'expérience dans l'architecture et a été en utilisant Visual Basic.NET depuis plus de 15 ans. Il a travaillé sur des projets de conception, allant du grand magasin aux systèmes de transport au projet Semarang. Il est tout le temps best-seller auteur Visual Basic.NET et a été cité comme auteur de programmation favori. Zico P. Putra est un technicien de niveau supérieur, consultant informatique, auteur, formateur et avec 10 ans d'expérience dans plusieurs domaines de la conception. Il continue son doctorat dans la Queen Mary University of London. Pour en savoir plus https://www.amazon.com/Zico-Pratama-Putra/e/B06XDRTM1G/

# PUIS-JE DEMANDER UNE FAVEUR?

Si vous avez apprécié ce livre, trouvé utile ou autrement je serais vraiment reconnaissant si vous posterais un bref sur Amazon. Je lis tous les commentaires personnellement pour que je puisse écrire sans cesse ce que les gens veulent.

Si vous souhaitez laisser un commentaire, alors s'il vous plaît visitez le lien ci-dessous:

https://www.amazon.com/dp/1521206538

Merci pour votre aide!